金融驱动京津冀协同发展研究

巩云华 著

中国财经出版传媒集团
中国财政经济出版社

图书在版编目（CIP）数据

金融驱动京津冀协同发展研究／巩云华著. ——北京：中国财政经济出版社，2020.11

ISBN 978-7-5223-0181-5

Ⅰ.①金… Ⅱ.①巩… Ⅲ.①区域经济发展－协调发展－金融支持－研究－华北地区 Ⅳ.①F127.2 ②F832.72

中国版本图书馆 CIP 数据核字（2020）第 160150 号

责任编辑：孙　琛　　　　　责任校对：胡永立
封面设计：智点创意　　　　责任印制：党　辉

金融驱动京津冀协同发展研究

JINRONG QUDONG JINGJINJI XIETONG FAZHAN YANJIU

中国财政经济出版社 出版

URL：http://www.cfeph.cn

E-mail：cfeph@cfeph.cn

（版权所有　翻印必究）

社址：北京市海淀区阜成路甲 28 号　邮政编码：100142

营销中心电话：010-88191522

天猫网店：中国财政经济出版社旗舰店

网址：https://zgczjjcbs.tmall.com

北京财经印刷厂印刷　各地新华书店经销

成品尺寸：170mm×240mm　16 开　14.75 印张　206 000 字

2020 年 11 月第 1 版　　2020 年 11 月北京第 1 次印刷

定价：68.00 元

ISBN 978-7-5223-0181-5

（图书出现印装问题，本社负责调换，电话：010-88190548）

本社质量投诉电话：010-88190744

打击盗版举报热线：010-88191661　QQ：2242791300

序

推动京津冀协同发展，是党中央、国务院在新的历史条件下作出的重大决策部署。2014年2月26日，习近平总书记视察北京并发表重要讲话，明确京津冀协同发展是重大国家战略，指明了战略目标、思路、方法和工作重点，并发出战略行动的总动员令。2015年6月，党中央、国务院正式印发《京津冀协同发展规划纲要》，进一步明确了京津冀协同发展的总体要求、定位布局和主要任务，在国家层面作出战略实施的顶层设计，随后交通、生态环保、产业、科技等一批专项规划相继出台实施。2016年2月，第一个跨省市的区域"十三五"规划《京津冀国民经济和社会发展规划》发布实施，北京市、天津市、河北省相应制定出台了各自的"十三五"国民经济和社会发展规划纲要，一系列重大举措紧锣密鼓地实施。21.6万平方公里的京津冀大地上，正在发生一场波澜壮阔的变革。本书是本人近年来承担的北京市社会科学基金重点项目（14JGA132）国务院研究室和北京市政府等相关部门委托的围绕金融驱动京津冀协同发展的一系列相关研究的归纳、总结与再思考。

京津冀地处京畿重地，以占全国2.26%的土地、1%左右的水资源量，养活了全国8%左右的人口，聚集了全国10%的经济规模，是我国经济最具活力、开放程度最高、创新能力最强、吸纳人口最多的地区之一，与长三角、珠三角地区比肩而立，成为拉动我国经济发展的重要引擎。然而在发展中却面临诸多难以为继的困难和问题，北京聚集了过多的非首都功能，"大城市病"问题突出，人口过度膨胀、交通日益拥堵、大气污染严重，房价持续高涨，社会管理难度大，引发一系列经济社会问题，引起社会广泛关注。同时，京津冀地区水资源严重短缺，环境污染问题突出，已成为我国东部地区人与自然关系最为紧张、资源环境超载矛盾最为严重、生态联防联治要求最为迫切的区域。加之区域功能布局不够合理，城镇体系结构失衡，京津两级过于"肥胖"，周边中小城市过于"瘦弱"，区域发展差距悬殊，特别是河北与京津两市发展水平差距较大，公共服务水平落差明显。在这些问题的倒逼下，国家已经作出重大战略部署，明确了京津冀整体定位是"以首都为核心的世界级城市群、区域整体协同发展改革引领区、全国创新驱动经济增长新引擎、生态修复环境改善示范区"，指明北京是全国政治中心、文化中心、国际交往中心、科技创新中心；天津是全国先进制造研发基地、北方国际航运核心区、金融创新运营示范区、改革开放先行区；河北要建设全国现代商贸物流重要基地、产业转型升级试验区、新型城镇化与城乡统筹示范区、京津冀生态环境支撑区。三地协同发展，加快形成定位清晰、分工合理、功能完善、生态宜居的现代城镇体系。

这场自上而下的革命，实际行动背后的逻辑是遵循超大城市和世界级城市群发展规律，开创性地建设一个具有全球影响力的世界级大城市群典范。

从对城市和世界级城市群发展历程的经验研究看，资本对城市发展不仅起着决定性、根本性作用，也是制约区域协同发展的关键性因素。在物理空间上对京津冀城市布局进行优化后，必须从资源配置和流动上下功夫，提高资源配置效率，才能实现城市群布局规划。因此本研究思路是基于中央对推动京津冀协同发展作出的顶层设计和战略规划，针对京津冀协同发展建设任务所需巨额资金需求，针对目前三地金融发展不均衡、缺乏统筹协同、金融配置资源的核心作用发挥不够等问题，试图通过金融驱动，通过政策引导，更大程度发挥市场的决定性作用，撬动资本的力量，引导和带动人才、技术等其他要素资源合理配置和定向流动，推动实现京津冀协同发展规划目标和任务。因此，本研究旨在提出金融驱动京津冀协同发展的政策建议，构建有效支持京津冀协同发展的金融支撑体系，提高区域金融与区域协同发展的适应性和互动性。本研究不仅有利于探索自上而下建设世界大城市群的发展规律，推动理论创新，而且也是一项时效性很强、具有重要现实指导意义的应用研究。

研究框架设计上，包括总论和金融驱动京津冀协同发展的支撑性研究两部分。总论是金融驱动京津冀协同发展主要研究结论、理论、实践和顶层设计和具体措施的归纳总结。第二部分金融驱动京津冀协同发展的支撑性研究是根据区域金融与区域经济发展的相关理论和世界大城市群发展中金融驱动作用的实践经验，并结合京津冀发展战略规划及京津冀现状和优势，从不同侧面，不同点分设若干篇研究金融驱动京津冀发展问题。本研究的基本思路是：以金融支撑体系与京津冀协同发展的关系为主线，综述金融与区域经济发展有关理论和研究成果，归纳总结世界大城市群形成过程中金融发挥作用的规律，形成本书的研究逻辑，提出金融改革创新、构建京津冀协同发展金融支撑体系的必要性和重要性。同时，梳理京津冀协同发展规划任务的资金需求，概括三地金融发展现状，分析目前金融支撑京津冀协同发展的不足和问题，从金融顶层构架、金融服务能力、资本形成能力、上市公司、金融要素市场，以及科技金融作用的发挥等方面提出京津冀协同发展的金融支撑体系。

在本书观点形成过程中课题组同仁给了我许多启示，是集体智慧的结晶。我的研究生谷瑞、田少通在资料整理、数据处理、模型设计和优化等方面也做了许多工作，在此一并感谢。期望本书的出版能够为本专题后续研究提供一点帮助。

目 录

第一部分 总论

第一章 金融支持区域协同发展的理论依据 …………………（ 3 ）
第二章 推动京津冀协同发展的金融需求分析 ………………（ 8 ）
第三章 京津冀金融业发展现状 ………………………………（ 22 ）
第四章 近年来金融支持京津冀协同发展实践 ………………（ 31 ）
第五章 金融对推动京津冀协同发展的支撑能力分析 ………（ 37 ）
第六章 金融驱动京津冀协同发展的思路和政策建议 ………（ 53 ）

第二部分 金融驱动京津冀协同发展的支撑性研究

第一篇 金融在大城市群形成和发展中的作用及实践研究 …（ 63 ）
  第七章 金融支持区域协同发展的理论依据 ………………（ 65 ）
  第八章 金融在世界大城市群形成发展中的作用 …………（ 72 ）
第二篇 基于协同视角下的京津冀金融生态研究 ……………（ 81 ）
  第九章 京津冀金融协同发展的测度 ………………………（ 83 ）
  第十章 制约京津冀金融协同发展的因素分析 ……………（ 92 ）
  第十一章 建议 ………………………………………………（ 96 ）
第三篇 资本驱动京津冀协同发展研究
  ——基于全产业链理论的北京上市公司研究 …………（101）

第十二章　全产业链的内涵及作用 …………………………………… (103)
第十三章　北京上市（储备）公司发展的现状及特点 ………………… (106)
第十四章　北京上市公司发展中存在的问题 …………………………… (115)
第十五章　结合优势构建具有竞争力的上市公司产业链 ……………… (118)
第十六章　引导上市公司合理分布优化城市功能和空间结构
　　　　　布局 …………………………………………………………… (127)
第十七章　以服务上市公司为抓手构建高精尖经济结构 ……………… (130)

第四篇　科技金融助力京津冀协同发展研究
　　　　　——北京科技金融调研报告 ………………………………… (139)
第十八章　北京科技金融发展的现状分析 ……………………………… (141)
第十九章　北京市科技金融发展中的问题 ……………………………… (147)
第二十章　北京市科技金融发展的几点建议 …………………………… (151)

第五篇　首都金融创新发展问题研究 ………………………………… (153)
第二十一章　北京金融业发展回顾 ……………………………………… (155)
第二十二章　北京金融业发展形势、定位及思路 ……………………… (162)
第二十三章　构筑国际金融发展生态链 ………………………………… (168)
第二十四章　加大金融创新力度，更好发挥服务支撑作用 …………… (181)

附　录

附录一：《北京上市（上市储备）公司发展现状、特点及竞争力
　　　　分析》……………………………………………………………… (189)
附录二：国内支持上市公司发展政策措施比较及经验借鉴 …………… (217)
附录三：全产业链理论及基于全产业链视角的上市公司的作用
　　　　………………………………………………………………………… (222)

参考文献 ……………………………………………………………………… (226)

第一部分

总　论

第一章　金融支持区域协同发展的理论依据

关于金融驱动京津冀协同发展问题，总结全球大都市圈发展的成功经验和特点，基于下述理论分析和构建京津冀协同发展的金融生态非常重要。

一、区域金融与区域经济理论

自凯恩斯理论产生以来，市场经济国家纷纷开始引导和干预区域经济发展，尤其是通过优化金融生态环境，实现区域经济协同发展的金融驱动，逐渐形成了区域金融与区域经济发展的重要理论支撑。主要有非均衡增长理论、增长极理论、"回波效应"与"扩散效应"理论、倒"U"形理论和梯度转移理论等，这些理论从不同视角深入揭示了区域均衡与增长之间关系。

其一，非均衡增长理论主要修正了自然均衡理论，该理论最大的贡献在于修正了新古典经济学家关于发达地区与欠发达地区的经济增长情况会随着经济发展，区域差距越来越大的假说。该理论认为：区域经济发展往往从一些条件较好的地区开始，一旦这些地区获得初始优势而比其他区域超前发展，将不断积累有利因素继续超前发展，从而进一步强化和加剧区域间的不平衡。非均衡增长理论及其相应的发展战略受到发展经济学家和发展中国家经济决策者的关注。政府应当优先发展条件较好的地区，以寻求较好的投资效率和较快的经济增长速度，通过扩散效应带动其他地区发展。但当经济发展到一定水平时，也要防止累积循环因果造成贫富差距的继续扩大，政府必须制定一系列的特殊政策来刺激落后地区的发展，以缩小经济差距。要缩小区域差距，必须加强政府干预，加强对欠发达区域的援助和扶持。

其二，关于金融发展与区域经济增长的关系。一种观点认为金融发展只是经济增长对金融服务需求的被动反应，即需求遵从，认为金融发展附属于经济增长。另一种观点认为金融发展能促进经济增长，即供给主导，认为金融发展是经济增长的必要条件，一个好的金融体系可以减少信息和交易成本，进而影响储蓄率、投资决策、技术创新和长期经济增长率。分析借鉴金融在全球大城市发展中的作用，作者认同金融对区域经济协同发展的供给主导作用。金融供给主导作用最早在1997年托马斯·赫尔曼、凯文·穆尔多克、约瑟夫·斯蒂格利茨发表的《金融约束：一个新的分析框架》中体现，该文提出了金融约束理论，强调政府对金融温和干预，可以促进资源有效配置和经济增长，政府对金融温和干预在发展中国家的经济效果要优于完全金融自由化。

在主张金融供给主导的基础上，20世纪70年代后，一些研究开始着眼于城市与区域内部金融资本之间的动态关系，比较有影响的理论流派是金融地理学流派。该流派的研究主要集中在金融地理格局及其发展过程、金融服务空间的不均衡性、金融在资本积累中扮演的角色、特定金融制度的空间组织与应用、金融中心的发展和金融流动与产业发展的关系等。该流派的研究证明金融机构在引导特定地区资本流动过程中起到重要作用，可以通过信贷配给、信贷排除等对社会产生的影响。该流派的研究认为金融发展对区域经济有重要影响，金融发展能促进区域发展，主要体现在以下三个方面。

一是金融发展有利于增加区域资本投入。这一观点主要秉承了斯密和李嘉图等主流经济学派，认为资本的形成和积累在经济发展中发挥着至关重要的作用，资本积累的扩大是国民财富增加的根本原因。而资本的积累在很大程度上又取决于储蓄的规模和资本产出的效率。金融系统越发达，可供选择的金融机制和金融工具就越多，人们的投资意愿和动机就越强，一些非生产性的或暂时闲置不用的资金就越容易被吸引到生产性用途上来，储蓄向投资的转化率和转化效率就越高，资本积累的速度加快，区域发展就越快。

二是金融发展有利于改善区域资本的配置效率。资本具有逐利性，在市场经济条件下，金融系统能够将资本配置到资本边际效益最高的领域和项目上，从而提高资本的运营效率，促进经济增长。在信息充分的情况下，资金会首先流向投资风险小、盈利水平高的产业和地区，资本的边际效益得到提高。具有发展潜力的筹资者能够获得资金进行技术革新和产品生产，那些具有发展前途的科技研究和成果转化能够获得更强的资金支持，从而促进科技进步并提高要素生产效率。同时，金融机构对企业的监督也有利于企业改变经营方式、改善经营管理和提高经营效率，从而提高资本产出效率。

三是金融发展有利于促进区域经济分工与合作。金融能够通过区域性信贷、区域性资本市场、吸引区域外资本等手段，根据不同地区生产要素的禀赋差异，合理支持地区优势产业发展，推动形成地区主导产业和不同区域的合理分工。在合理的区域分工基础上，统一开放的金融体系又会促使货币资金等生产要素合理流动，促进区域经济合作。尤其是在区域性资本市场或全国性资本市场建立健全后，将进一步带动区域经济的协作。

从上述金融发展与地区经济发展的关系研究可以看出，金融发展不仅与经济增长之间存在很强的相关性，金融推动力的差异更是区域经济发展差异的重要因素。因此，通过制定有针对性的金融政策促进金融发展、改变落后地区金融状况已经成为推动区域加快发展、促进地区协调发展的重要途径，需要进一步探讨推动区域协同发展的金融路径。

二、金融生态体系理论

自然生态是人类生存的基础，而金融生态体系论则认为良好的金融生态系统是区域协同发展的重要基础。金融的生态体系是指金融产生、存在的环境、系统、背景，不同的金融生态体系有不同的金融结果，从而对区域协同发展有不同的影响作用。很多学者的研究证明金融生态可以促进区域经济发展，改善金融生态环境，可以使经济系统建立一种自我调控机制，在该机制作用下，制度得以有效运行。本书在京津冀金融生态研究部分也从实证的角度研究了京津冀地区金融生态环境和经济发展之间的关系，得出金融生态环境对 GDP 有正向拉动作用。

综上可见，金融生态对区域经济发展起着重要的支撑作用。建设京津冀区域经济一体化必然离不开金融的发展与支持，而区域金融的发展又要求建立良好的金融生态，建立良好的区域金融生态环境能提高金融资源配置效率，促进京津冀实现产业转移与区域经济协调发展。

三、金融生命周期理论

生命周期理论将区域经济划分为不同阶段并分别讨论了各阶段金融对区域经济发展的促进作用。该理论认为事物发展经历的是诞生、成长、成熟、衰退的周期，在每一个时期里面事物的状态、特征是不同的。它强调了成长的阶段性，同时描述了一个经济发展周期内金融发展的轨迹，由此可以更清楚地认识每一个发展阶段上金融与经济的关系。区域经济按照时间段可以分为以下 5 个阶段：①经济缓慢增长期，对应区域金融的引入期；②经济较快增长时期，对应区域金融的成长期；③经济快速增长时期，对应区域金融发展的成熟期；④区域金融发展与区域经济发展实现良性互动，这个时期是各项发展政策的最终目的；⑤经济增长趋稳时期，对应区域金融发展的衰退时期，此时区域金融规模的扩大反而会损害实体经济的增长。

区域经济处于不同阶段时，所采用的策略和方法也不尽相同。如果区域金融发展规模适度，呈现出与区域经济良性互动局面，对区域经济的促进作用将十分明显。

四、金融地理层级理论

金融资源的地理层级表现为三个层面：第一是全球国家金融地理层级，由于历史、地理、环境和社会等方面存在巨大的差异，导致当前国与国之间经济发展极不平衡。加之金融市场结构、金融制度、金融信息等构成的金融资源禀赋不同，全球金融地域系统内部各个元素之间呈现出较为分明层级特征。第二是区域金融地理层级，即相邻国家或者区域构成的金融圈层系统正在逐步取代传统"相互分割"的金融中心，成为参与国际金融竞争的主体和新型国际金融秩序的主导者。这一现象在欧洲大陆地区尤为明显。第三是全球城市金融地理层级，由于金融资源主要附着于城市，因此存在等级的城市必然会造就世界金融的层级性，并通过国际金融中心体系的形式表现出来。不仅如此，在世界城市体系的框架下，可以看到当前全球金融中心竞争力最强的七大中心，除去作为城市国家的新加坡之外，其余金融中心都依托于世界级城市群而存在。

第二章 推动京津冀协同发展的金融需求分析

根据国家战略顶层设计，京津冀地区将按照"功能互补、区域联动、轴向集聚、节点支撑"的布局思路，以"一核、双城、三轴、四区、多节点"为骨架，构建以重要城市为支点，以战略性功能区平台为载体，以交通干线、生态廊道为纽带的网络型空间格局。"一核"即北京；"双城"是指北京、天津，这是京津冀协同发展的主要引擎，要进一步强化京津联动，全方位拓展合作广度和深度，加快实现同城化发展，共同发挥高端引领和辐射带动作用；"三轴"指的是京津、京保石、京唐秦三个产业发展带和城镇聚集轴，这是支撑京津冀协同发展的主体框架；"四区"分别是中部核心功能区、东部滨海发展区、南部功能拓展区和西北部生态涵养区，每个功能区都有明确的空间范围和发展重点；"多节点"包括石家庄、唐山、保定、邯郸等区域性中心城市和张家口、承德、廊坊、秦皇岛、沧州、邢台、衡水等节点城市，重点是提高其城市综合承载能力和服务能力，有序推动产业和人口聚集。重点任务将以有序疏解北京非首都功能为核心，努力在交通、生态、产业三个重点领域取得率先突破。随着这些重点区域规划建设和重点任务陆续实施，不仅会产生巨额的投融资需求，而且会带动区域资金、劳动力、技术等要素资源的重新配置，打破原有的发展不平衡，推动区域协同发展。

一、区域要素资源合理配置的需求分析

1. 京津冀发展不协同,是资源配置高度失衡的结果

京津冀地区发展过程中出现的诸多问题,主要是由三个历史阶段累积形成的:

第一阶段(中华人民共和国成立至20世纪80年代前):资源非均衡配置阶段。新中国成立初期,在城市发展动力普遍不足的情况下,中央选择了首先确保首都发展的非均衡区域发展策略,符合当时发展需要,具有历史合理性。在国家第一轮生产力布局中,京津冀制造业投资优先集中在北京和天津,并以计划经济、层层控制的方式在周边建立起强大的资源保障体系,包括确保首都发展的电力、农产品和水资源等。在国力有限的情况下,政府配置资源的单一模式导致形成非均衡发展的空间格局,造成京津冀三地在进入工业化和现代化进程上的时间差,初始资源配置的差异为后来的过度聚集埋下了伏笔。

第二阶段(20世纪80年代至90年代):以市场力量调整区域格局。这一时期,在长三角和珠三角地区,由于以民资和港台资本为主体的多元市场力量介入,推动了中小城市及乡镇迅速发展,在区域内形成多个增长极,对缩小地区差距起到了积极作用。而同时代的京津冀,制度也在逐步放开,但市场机制的引入并没有推动区域差距的缩小,反而造成城市发展悬殊越来越大。主要由于京津冀推进的是以承包经营责任制为核心的国有企业改革,大量技术骨干从国有企业内部分离出来成立私营单位,这种民营经济的市场力量与南方乡镇企业民营工业成长完全不同,需要共享原有大企业的研发资源、营销网络和物流系统,从而抑制了生产服务社会化需求。北京不仅成为区域性生产组织中心,而且是区域性生活服务中心,在城市服务能力方面具有绝对的垄断性优势。城市服务能力逐渐取代了廉价土地和税收优惠,上升为发展的核心竞争力。2000年后,大量人口涌入北京,就业已经不再是唯一目的,居住移民和教育移民的比重越来越高。可

见，多元市场力量的作用，在京津冀、长三角、珠三角有着截然不同的结果。只有建立起政府和市场双向资源配置机制，才能打破空间聚集态势，推动区域格局大调整。

第三阶段（20世纪90年代至今）：公共服务能力差距导致自发调整的市场失灵。这一阶段外来投资的需求和国家商品流通能力已经发生了巨大变化。国际通达系统、地域化生产服务网络和高端人力资源是未来城市发展的竞争性要素。缺乏资本原始积累的河北，根本无力完成城市公共设施的更新与建设，以提供具有竞争力的公共服务。因此，进入京津冀的投资只能选择继续向京津聚集，人口继续大量涌入北京，北京也由此得了严重的"大城市病"。截至2018年年底，北京、天津人口高度聚集，人口密度分别为1312.9人/平方千米和1380.5人/平方千米，均为河北省402.5人/平方千米的3倍以上，是全国平均水平的9倍以上。

地区的发展是累积循环的。京津冀地区资源配置严重失衡，形成了"强者更强、弱者更弱"的路径规律，仅仅通过市场机制的自发矫正和地方政府的单方努力来实现区域格局的调整已经非常困难。京津冀协同发展，正是从国家层面推动的自上而下、综合配套的战略部署，将在自由市场和政府干预之间找到"第三条道路"，通过实施公共资源的空间重布，从而撬动市场机制的正相作用，改变要素流动的路径规律，实现区域协同发展。

2. 京津冀发展不协同，主要体现在人口向北京单核聚集

从北京市的人口变迁看，新中国成立初期，北京市人口经历了一个快速增长的阶段，1949年至1960年的11年间，北京市常住人口由420万人增长到740万人，新增的320万人中大部分是外地移民，主要是中央机关、军队的干部及其家属。1960年至1980年20年间，北京市人口从740万增加到904万人，人口增长波动较大。1980年至1990年，人口平稳增长，人口数量维持正常发展，没有出现大的波动。但随着人口基数的增加以及平均寿命的增长，人口快速增长的势头初露端倪。1990年至2010年，经济快速增长造成城市强大的引力效应，人口迅速集中，北京市人口从1086

万人增长到 1962 万人，20 年间人口增加了 876 万，其中外来人口增加了 651 万，占北京市新增人口的 74.3%。2011 年后，北京市逐渐开始控制人口规模，人口增量逐年减少，由 2011 年净增 57 万人，下降到 2018 年净增 -17 万人（见图 2-1）。外来人口增量也得到控制，2018 年外来人口净减少 29.7 万人。

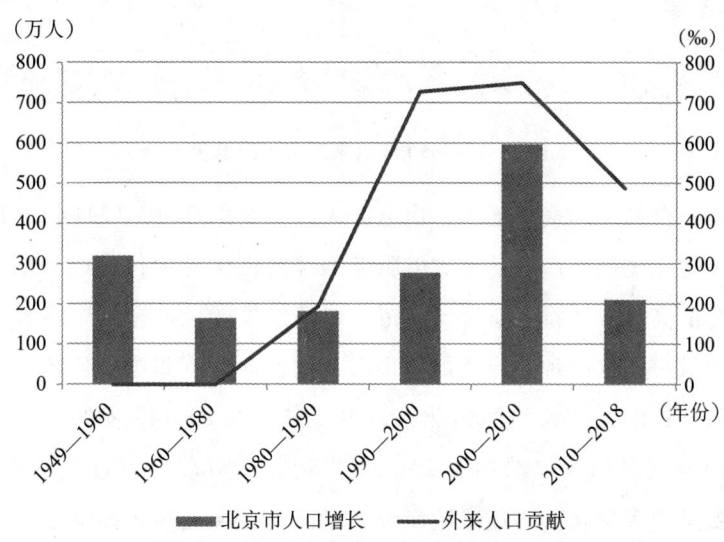

图 2-1　1949 年以来不同时期北京市人口增量及外来人口贡献

外地移民和外来人口是北京市人口增长的主要原因。改革开放初期，北京市外来人口还比较少，1980 年北京市外来人口只有 19 万人，到 1990 年增加到 54 万人。1990—1994 年，年均增加 1.9 万外来人口，总量控制得较好。1995 年，北京外来人口急剧增长（见图 2-2），当年就涌入了 118 万人，给北京经济增添了活力。2000 年，北京再次拉开了外来人口的水闸，当年新增了 99 万外来人口。之后有所下降，但已一发不可收，尤其是 2006—2010 年，外来人口新增了 347 万人，年均增加近 70 万人。非户籍人口占总人口的比例从 1994 年的 6% 增加到 2018 年的 36.9%。由此可见，新中国成立后的 69 年时间里，北京市常住人口从 420 万人增长到 2154.2 万人，是一座名副其实的移民城市。

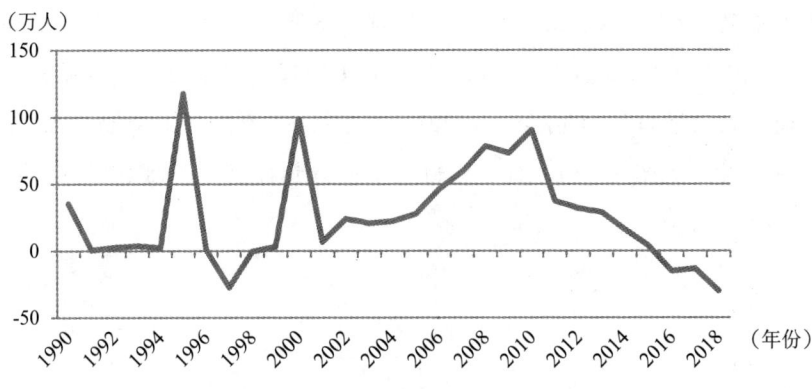

图2-2 1990年以来外来人口增量

北京在资源非均衡配置下,快速进入后工业化阶段,1994年北京市第三产业比重超过第二产业,形成以服务型经济占主导地位的经济格局。城市服务业的高速发展将人口拉向城市,地区发展的巨大差异则将大量外地人口推向城市,这两种效应叠加使得人口快速向北京集中。伴随人口涌入的是全国各地的人才纷纷涌向北京,主要集中在20—49岁的青壮年劳动力,2010年北京市人口结构中20—49岁青壮年劳动力占总人口的60%,城市消费呈现多样化,为这座城市带来了活力,又进一步推动了更多人口聚集。

3. 北京地区人口聚集并没有按照城市发展规律形成都市圈和城市群

国外城市研究和发展实践表明,从人口空间分布的趋势看,人口在地理空间上的集中趋势并非一成不变,呈现出动态演进特征。城市的集中度会经历一个从收敛到发散的变化,即在城镇化的初始阶段,人口会在某些特定的中心区域加速集中,随着经济发展,后发的外围区域会出现追赶效应,人口的集中也开始向外围发散,区域之间人口分布逐渐平衡,经济与收入差距也会缩小。城市人口增速放缓并出现负增长,主要发生在经济成熟期和后工业化阶段。正是因为人口在不同地理空间上的转移,才使城市规模由中心向外围扩张,形成了规律性的空间结构。在学术研究领域,通常将这种空间结构自内向外和自小向大分为四个圈层,体现了城市空间结构演变过程。其一是中心城市发展,中心城市面积一般在100—600平方千米，半径 5 千—10 千米，人口密度每平方千米 1 万—2 万人。其二是包含郊区的大都市区发展，由中心城市和外围城市组成，面积一般在 1500—2000 平方千米，半径 30 千—50 千米，人口密度每平方千米 5000—10000 人。其三是大都市圈发展，由一个以上大都市区组成，面积一般在 1 万—2 万平方千米，半径 100 千米左右，人口密度每平方千米 1000—2500 人，其中周边大都市区的人口可以大于中心大都市区。其四是大都市带发展，由一个以上的大都市圈组成，面积一般在 3 万平方千米以上，半径 200—300 千米，人口密度每平方千米 300—1000 人。国际经验表明，发达国家著名的大都市，例如，伦敦大都市、巴黎大都市、纽约大都市、洛杉矶大都市、东京大都市等，都经历了完整的发展阶段，形成了较为齐全的四个圈层。

北京市早已进入服务型经济时代，2006 年第三产业比重达到 70%，2009 年人均 GDP 达到 1 万美元，2016 年第三产业比重达到 80%，人均 GDP 为 1.8 万美元。经济发展逐渐成熟，但仍未按照规律形成大都市圈和大都市带，而是以中心城区为轴心，不断扩展蔓延，在城市发展的前两个阶段徘徊。按照北京市区划设置，东西城区面积 92.5 平方千米，东、西、朝、海、丰、石城六区面积 1378 平方千米，相当于核心区及中心城区的概念。在城市发展初期，外来移民主要分布在城市核心区。随着城市化进程推进，外来人口主要居住在中心区外延的城乡结合部，城区范围不断扩展至城市六环路，六环路以内面积为 2267 平方千米，与大都市区的范围基本相当，进入城市发展的第二阶段。但在大都市区范围，不是由中心城区和外围组团构成，而是城市"摊大饼"式发展，没有达到规划设计的中心城、城市组团与卫星城之间绿化分隔的效果。在更大区域范围，即北京市行政区划面积 1.64 万平方千米，在相当于大都市圈的范围内，后发的外围区域也没有出现追赶效应，城市副中心通州区、重点新城大兴、顺义、昌平的发展都达不到中心城区的水平，对中心城区的人口疏解吸引力不够，并且处于距大城市中心 50 千米的通勤范围内，没有建设成职住平衡的"反磁力中心"，反而沦为"睡城"，或者吸引更多的外地移民和外来人口，造成北京市人口越来越膨胀。从更大区域范围看，由于行政区划的行政割裂明显，北京周边与河北、天津的行政管辖区之间资源交换的共享性和互补性非常低。人口、企事业单位宁愿挤在地价高昂的北京，也不愿意去一路之隔的河北。

可见，伴随人口聚集的是巨大的投资和扩张的消费，形成"人"与"资本"的大聚集，转化为北京快速增长和城市财富。因此，在北京形成了巨大的要素聚集"虹吸效应"，进一步拉大了京津冀地区发展不平衡。

4. 资本要素在推动资源聚集中起着关键性的决定作用

城市区别于农村，关键特征在于劳动力、资本和技术在地理空间上更高的集中度。城市之所以具有吸引力，是因为城市提供了规模经济和放大效应，增加了人们实现就业、获得服务、拥有更好生活质量的机会。越大的城市越能够在更大范围内促进专业分工，创造更多就业岗位，进而吸引人口流入，促进生产力提高。同时城市的规模经济可以使公共基础设施、公共服务的高成本由更多的消费者分摊，降低基础设施和公共服务的提供成本，消费选择也将多样化，提高人们的生活质量。在市场经济条件下，资本逐利的本质会引导资源流向最有回报的地方，造成城乡差距、地区差距进一步扩大，城市的扩张速度和人口增长将会越快。

分析人口增长和投资增长的相关度可以发现，1992—1995年北京市固定资产投资增长了3.4倍，其中基础设施投资每年的增速也达到50%以上；2000—2010年，北京市固定资产投资增速一直保持两位数增长（2008年受国际金融危机影响除外），2006年城市基础设施投资增速再次达到50%以上。可见，在没有人为调控、市场自发调节下，投资量与人口涌入量密切相关，投资快速增长不仅是城市发展的引擎，也是人口涌入的原始动力。

5. 借鉴国际经验推动"人"与"资本"大迁移

城市扩张和功能产业人口聚集，超过了城市承载力，不可避免带来"大城市病"。规划建设新城、形成城市群是治理"大城市病"的一个重要途径，推动"人"与"资本"迁移，带动功能产业转移，可减轻大城市核心区人口过快增长压力，优化区域空间布局。国外新城建设的典型案例有伦敦、巴黎、东京、首尔等。

伦敦有三个概念，伦敦城、大伦敦（包括内伦敦、外伦敦）、伦敦都市圈，土地面积依次为2.9、1572（内伦敦319）平方千米、6735平方千米。1911年，内伦敦人口达到500万，人口密度为15700人/平方千米，大城市病突出。在田园城市理论和1944年大伦敦规划指导下，1946—1949年在距伦敦市中心30千米—50千米的半径内规划建设了8座新城；1965—1969年，沿着伦敦三条主要快速交通干线建设3座具有"反磁力吸引中心"作用的新城，距市中心80千米—130千米，规划人口20万—30万人。由于内城衰落，1978年英国停止新城建设，2000年后伦敦强调增长原则，先后出台了四部伦敦规划（2004年、2008年、2011年、2016年），从疏解内城到促进内城新城并举增长，大伦敦地区人口从增长到下降又到回升。

巴黎有三个范围：巴黎市、大巴黎、巴黎大区，土地面积分别为105平方千米、761平方千米、12001平方千米。由于人口和产业过度聚集，1921年巴黎市人口密度超过2.7万人/平方千米，大城市病突出。巴黎从20世纪30年代开始探索从区域层面解决城市发展问题，包括疏解功能产业和人口，巴黎市人口压力得到缓解。1964年巴黎大区作为一级行政区划正式成立，之后编制了1965—2000年巴黎地区规划，从之前的限制现有城市建成区向整体均衡发展转变，从原有的单中心放射型格局向多中心格局发展。在距市中心10—30千米规划建设5座新城，规划人口合计173万。后期巴黎规划坚持多中心空间格局，强调不同等级城市的多样性及其联系与协作。《巴黎大区规划2030》强调核心区集聚与大区域平衡发展。1968—1999年，巴黎市人口从259万降至212万，近郊3省人口增长5%，远郊4省人口增长69%；1999—2014年，巴黎市人口增长4.5%，近郊3省人口增长12%，远郊4省人口增长10%。

20世纪中期日本经济腾飞，东京作为日本的政治、经济、文化与交流中心，城市空间不断向周边扩张，由内向外依次形成东京都区、东京都、东京圈、首都圈四个层级的都市圈，面积分别为627平方千米、2188平方千米、13558平方千米。日本政府于1958年开始制定首都圈规划，疏解东京都中心的城市功能，使东京圈城市形态从"一级"集中转向"多中心多核"。20世纪60年代中后期，日本在距东京都中心30—50千米的范围内开始建设多摩田园都市、多摩新城、筑波等多个新城，规划人口20万—40万。之后，东京都区人口在1965—1995年持续下降。1995年后，由于老龄化、都市再生计划等，东京都区人口回流。但职住不平衡严重，1990—1995年东京都区昼夜人口比高达140%。首都圈是包括外围茨城、群马、枥木、山梨四个县所构成的首都圈，是世界上最大的都市圈，里面有多个产业聚集区、八九个副都心。

韩国首尔面积605平方千米，仅占韩国面积的0.6%，却集中了约1/5的韩国人口，人口密度达到1.74万人/平方千米（2010年）。韩国经济从20世纪60年代开始腾飞，首尔市人口开始呈几何级数增长，1963年人口超过300万，1970年超过500万人，1988年超过1000万人。人口膨胀带来交通拥堵、环境污染、住房紧缺、房价高涨等系列问题。1989年，韩国制定了第一期新都市计划，在距离首尔市中心半径25千米的京畿道规划建设了5座卫星城（新都市），并在5年时间内迅速建成，极大缓解了首都人口压力。2003年又开发了新都市二期，京畿道附近的城市也迅速发展起来，构建起韩国的首都圈城市群。目前，韩国近一半人口居住在首都圈城市群，首尔市的人口逐年减少，现已经降到1000万人以下。2012年，韩国中部地区建立了一个新的行政中心城市——世宗市，陆续将国务总理室、财政部、环境部等13个部门搬迁至此。受"迁都"政策影响，2013年，首都圈迁出人口首次超越迁入人口，出现净下降。在产业方面，首尔制造业很早就向外分散布局，形成了目前以服装、通信和出版印刷为主的产业结构。根据《2030首尔城市发展规划》，未来首尔市的产业发展重点为金融业、会展业、时尚产业、旅游业和高新技术等。

从伦敦、巴黎、东京、首尔的经验看，"大城市病"可以通过规划建设都市圈乃至城市群、疏解核心区功能产业及人口得到治理，规划建设和疏解的过程，就是"人"与"资本"在空间上重构，带动其他资源要素共同产生新的功能和产业聚集。有几个特点：一是资本先行。新城建设启动时，一般都是政府资金先行，引领带动社会资本跟进。比如1967年密尔顿凯恩斯新城开发中，政府成立了专门的开发公司主要负责基础设施建设，并由中央政府提供长达60年的贷款，快速汇聚了不少知名企业总部入驻。二是城市再建。经过规划调整和布局重构，城市发展经历了人口减少、经济衰退，又在新一轮的城市发展规划中提出要进一步提高在全球分工中城市地位，成为更具吸引力、领导力的世界城市目标。比如伦敦从强调疏解转为强调增长，巴黎强调聚集和平衡，东京进行都市更新，纽约强调增长，力图通过提高用地强度和承载能力，发展紧凑城市，推动精明增长。三是与这四座首都城市发展轨迹不同的是纽约市，更多依靠市场力量自发形成了纽约市、纽约都会区、纽约联合统计区、纽约州、纽约城市群，前三个区域面积为789平方千米、1.7万平方千米、3.4万平方千米。由于核心区拥挤、私人汽车普及、高速公路建设，大量居民特别是中产阶级从核心区搬至郊区居住，纽约市人口在1950年达到789万后出现停滞和下降，1980年降至707万人，之后提出城市再建后，纽约市人口才开始回升，2015年达到855万人。纽约都会区规划是由非盈利组织——纽约区域规划协会制定，不具有法律效力。

因此，学习借鉴国际经验，京津冀协同发展的核心任务是疏解北京非首都功能，目前规划了北京之两翼：城市副中心和雄安新区。一是资本先行，带动人口和产业迁移。二是注重城市中心区功能提升，保持核心区域国际竞争力，防止城市衰落。三是强调社会资本跟进，更多利用市场力量实现规划新区建设，尤其是在新城初步建成之后，市场机制一般都起着决定性作用，决定着产业和人口能否聚集。因此，京津冀协同发展必须先破要素壁垒，充分发挥市场在资源配置中的决定性作用，推动要素市场一体化改革，促进生产要素在更大范围内有序流动和优化配置。

二、推动京津冀协同发展的投融资需求分析

1. 疏解北京非首都功能的资金需求

按照京津冀协同发展规划，有序疏解北京非首都功能，是京津冀协同发展的核心任务和"牛鼻子"。重点是疏解一般性产业特别是高消耗产业，区域性物流基地、区域性专业市场等部分第三产业，部分教育、医疗、培训机构等社会公共服务功能，部分行政性、事业性服务机构和企业总部等四类非首都功能。规划执行3年来，北京制定实施了新增产业禁止和限制目录，加快推进不符合首都功能定位产业的退出，累计退出一般性制造业企业1300多家，调整疏解商品交易市场300多家，部分学校和医院疏解也在稳步推进。从资金需求看，企业转移的平均成本在15亿—20亿元，这一成本核算剔除了一些大项目因素影响，有的大项目如首钢搬迁成本费用高达千亿元。按照统计发布的全市规上一般性制造业共有3300多家，仅企业搬迁的资金需求就达到万亿级规模。再加上区域性批发市场、学校医院、部分行政功能，转移搬迁的资金需求将会更大。

2. 交通等基础设施重点项目实施资金需求

2015年11月，国家发展改革委和交通运输部联合颁布了《京津冀协同发展交通一体化规划》，明确了以"四纵四横一环"为主骨架，包括轨道交通和公路交通网络、港口、航空枢纽为重点的八项建设任务。要求在创新投资融资模式方面，探索建立促进社会资本参与交通基础设施建设与运营的合作机制，通过投资主体一体化带动区域交通一体化，尽快缩小河北交通运输公共服务水平与京津的差距。从航空枢纽建设资金需求看，2016年10月，经国务院批准同意，国家发展改革委印发了《北京新机场临空经济区规划（2016—2020年）》，按照规划京冀将合作共建新机场临空经济区，整体开发总投资将超过2000亿元。其中，新机场工程总投资800亿元，建设主体为首都机场集团公司，除资本金外主要通过融资解决；配套新机场外围交通和市政基础设施项目分别由北京市、河北省承担，北京

地域内总投资 900 亿元，主要以市场化手段吸引社会资本融资解决。从城际铁路建设资金需求来看，根据 2016 年 12 月国家发改委批复京津冀地区城际铁路网规划，到 2020 年前实施 9 个跨省域城际铁路项目，总里程约 1100 千米，初步估算投资约 2470 亿元。公路交通网络建设中仅北京部分资金需求就近千亿元。项目建设由中国铁路总公司、北京市、天津市、河北省共同负责组织规划实施、项目建设和运营管理，充分发挥京津冀城际铁路投资公司作用，采取多渠道筹资的方式解决资金问题，鼓励市场化运作，积极吸引各类社会资本参与建设和运营。从生态环境建设和保护的资金需求看，将以大气、水、土壤污染防治为重点，打破行政区域限制，促进绿色循环低碳发展，改善区域生态环境质量。在环境治理方面，落实《京津冀大气污染防治强化措施》，推进淘汰落后产能、压减燃煤、淘汰老旧机动车、推广新能源汽车、发展清洁能源、控制工业和扬尘污染等重点任务。在扩大生态空间方面，三省市制定了 2015—2017 年植树造林实施方案，谋划建设一批环首都国家公园和森林公园，推进京津风沙源治理、太行山绿化工程、低效林改造、封山育林、平原造林工程。这些环境保护和治理项目，都需要投入大量资金。比如，北京支持张承地区生态建设资金每年达到 3 亿元左右。

3. 推进产业对接协作的资金需求

京津冀在经济结构上存在的突出问题是河北与京津之间产业梯度差过大，京津之间产业同构度较高。按照京津冀协同发展规划纲要，推动产业升级转移重点是明确三地产业定位和方向，加快产业协作和转移对接，推动产业转型升级，加快津冀承接平台建设，打造立足区域、服务全国、辐射全球的优势产业集聚区。目前，三地的产业定位和方向已经明确，北京将主要发挥科技创新中心作用，集中构建京津冀协同发展"4＋N"功能承接平台[①]，形成聚集效应和示范作用。天津优化发展高端装备、电子信息

---

① "4＋N"即共建 4 个战略合作功能区，包括河北曹妃甸协同发展示范区、北京新机场临空经济合作区、河北张承生态功能区、天津滨海—中关村科技园。"N"主要是发挥市场作用，由企业根据自身发展实际，结合当地资源禀赋，自主选择若干个产业项目承接地。

等先进制造业。河北积极承接首都产业功能转移和京津科技成果转化，强力打造曹妃甸协同发展示范区、正定新区等重大平台和载体，探索对口支援、共建共管、整体搬迁等承接模式，吸引资金等各种要素聚集。例如，张北云计算产业基地建设投资需求20亿元。目前，中关村科技型企业已在津冀两地设立分支机构5500多家，北汽集团黄骅整车项目建成投产，北京现代汽车第四工厂项目已在沧州动建，曹妃甸协同发展示范区、张承生态功能区、天津滨海—中关村科技园等重点合作平台加快建设。同时，天津、河北积极引进项目和资金，天津2015年承接非首都功能项目860个，引进京冀投资1739.3亿元；2016年引进京冀投资项目2701个，投资额1994.09亿元，占全市实际利用内资的44.0%。河北2015年引进京津项目达4124个，投资3459亿元，分别占全省引进外省项目的38.6%和47.8%。仅唐山市曹妃甸地区，截至2016年年底，累计开工京津项目65个，总投资1766.1亿元，其中北京项目54个，总投资1730.8亿元，一批投资在5亿元以上的项目相继开工建设。产业转移升级带动区域投资结构和分布发生巨大变化，资本等生产要素正在发生重新调整和配置。

4. 打造以首都为核心的世界级城市群的金融需求

与全球公认的世界级城市群相比，京津冀城市群存在三个明显短板：一是经济总规模不足；二是城市结构布局不合理，北京、天津与其他城市之间差距过大，河北城市化水平和质量较弱，缺少二线城市；三是城市空间结构不合理，特别是在冀中南地区，缺乏有足够实力和较强带动力、辐射力的城市。2017年4月，中央作出重大部署，决定设立河北雄安新区，起步区面积约100平方千米，中期发展区面积约200平方千米，远期控制区面积约2000平方千米。其定位是疏解北京非首都功能集中承载地，与北京城市副中心形成北京新的两翼，拓展京津冀区域发展新空间，远期预计投资规模以万亿元计。国际投行摩根士丹利研究报告预计，中国新设立的雄安新区承接北京的非首都功能，将吸引大量投资和人口，预计未来10—20年雄安新区吸纳的投资总量将达1.2万亿元至2.4万亿元人民币。

可见，随着京津冀协同发展规划纲要和"十三五"京津冀规划实施，区域建设发展所需资金急速增加，必然催生大量的资本跨区域投资和资金融通，一方面为较落后的河北省发展提供了难得的机会，另一方面资金供求矛盾日益凸显出来，构建资金融通路径中难点仍然突出。解决建设资金投融资难题的过程，也将是资本要素重新配置的过程，带动人才、技术等要素资源在地区之间流动，推动区域协同发展。因此，通过金融改革创新，创造金融资源聚集的良好条件，增强区域融资能力，提升金融体系运行效率和资本形成能力。尤其是针对河北省，制定出台提高资金吸引力的政策措施，提升融资能力，解决资金需求与供给之间的矛盾，才能使三地发展步入良性循环的轨道。

第三章　京津冀金融业发展现状

一、京津冀金融业总体规模较大

2017年，京津冀金融业增加值总规模为8660.56亿元，占全国金融业增加值的13.2%。其中，北京、天津和河北分别为4655.37亿元、1951.75亿元和2053.44亿元，分别占三地金融业总规模的53.75%、22.54%和23.71%。北京金融业增加值与津冀两地规模差距加大，分别是天津和河北的2.39倍和2.27倍。

从三地金融业增速看，2017年，北京市金融业继续保持快速发展；天津市借助滨海新区金融改革创新运营示范区的优势，加快全国金融改革创新基地建设，有力地推动了金融业的发展；河北省积极推进京津冀金融协同发展，加强区域金融协作，吸引金融资源流入，金融业发展步伐明显加快。2017年，北京、天津和河北的金融业增加值分别同比增长9.0%、8.82%和18.61%。

从金融业占地区经济中的比重看，2017年，京津冀地区金融业增加值占地区生产总值的10.75%，是京津冀地区经济发展的重要支柱产业。从各地看，北京、天津和河北金融业增加值在地区生产总值中占比分别为16.62%、10.52%和6.04%，呈现出明显的梯度变化，北京明显高于津冀两地，是北京发达的金融业水平提升了京津冀地区整体金融业对区域经济增长的贡献率。

二、京津冀三地金融资源情况比较分析

1. 首都金融资源

北京作为首都，金融资源丰富，银行、证券、保险等各类金融服务机构众多，截至2017年年末，全市法人金融机构5138家，金融业资产总额达到约136.67万亿元。目前已形成以商业银行、信托公司、财务公司、证券公司、保险公司、基金公司等金融机构为主导，以担保公司、评级公司、资产交易平台和互联网金融新型业态等中介机构为支撑的金融服务体系。创业板上市公司数量、境外上市公司数量、上市公司总股本、总市值、首发融资、再融资均居全国首位。

2. 天津金融资源

天津作为北方地区经济中心，是国内为数不多的获得全牌照金融业务资质的城市之一。2017年天津市各类金融机构3191个，其中银行类金融机构3176个，商业银行3124个，外资银行52个，保险公司机构675个，证券经营机构179个。近年来，天津借助滨海新区、于家堡新区、中新生态城等新区大力推进金融改革创新，金融先行优势明显。天津在融资租赁、股权投资、债券、外汇、医保资金应用等领域都有突破性进展。

3. 河北金融资源

河北省工业基础较好，人口资源丰富，市场容量大，但现有金融服务不足，金融市场化意识和金融产品创新能力较弱。相比京津两地，河北省高质量金融资源匮乏，缺乏鲜明的金融产业特色，金融基础设施建设滞后，金融对经济发展的支持能力偏弱。因此，河北急需京津两地优质金融资源的支持，以在三地协同发展过程中对河北金融业发展起到提升带动效应。

三、京津冀三地金融发展水平的比较分析

1. 储蓄存款分布不均衡

现代经济增长理论认为，较高的储蓄率能增加信贷资金总量，从而导

致投资增加,通过乘数作用提高经济增长率,经济增长率的提高又进一步促进储蓄水平的提升。本书用存款余额代表储蓄水平(见图3-1),2017年年末,北京市金融机构(含外资)本外币存款余额14.41万亿元,是天津市3.09万亿元的4.7倍,是河北省6.05万亿元的2.38倍。除去人口因素的影响,北京市人均本外币存款余额是天津市的3.34倍,是河北省的8.25倍。

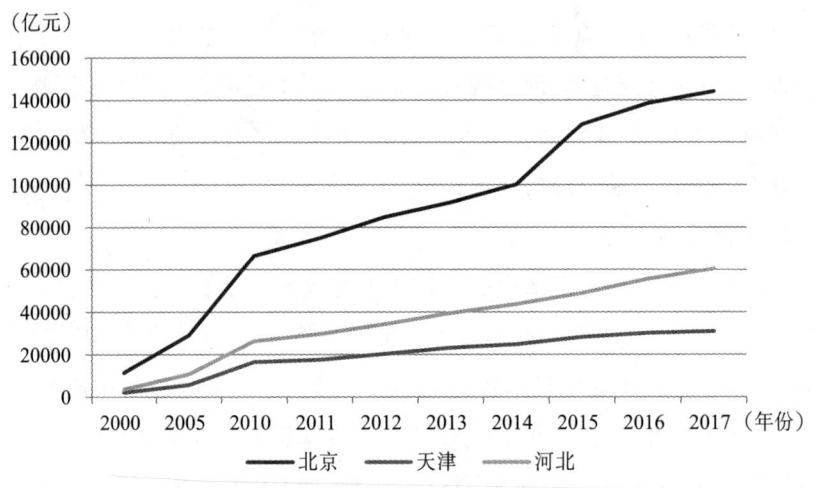

图3-1 2000—2017年京津冀三地金融机构本外币存款比较

储蓄存款分布不平衡是京津冀三地经济发展差异的金融表现。一般而言,经济越发达的地区,人均收入水平越高,储蓄存款越多,投资资金来源就越大。从三地居民人均可支配收入水平看,2017年,北京是天津的1.55倍,是河北2.66倍。可见,京津冀三地人均存款资源的差距比三地人均收入水平之间的差距更大。造成这一现象的原因,一方面是北京聚集的总部单位多,汇集了全国的存款资源,政府存款、企业存款占地区存款总额的79.9%,住户存款仅占20.1%;天津企业单位存款也比较多,大约占69.11%,住户存款占30.89%;而河北住户存款占了大头,占59.09%。另一方面,单就人均住户存款这个指标来说,北京分别是天津和河北的2.17倍和2.81倍。

北京市金融存款资源丰富，尤其是相对于河北来说，差距非常大，既反映了北京经济发展形成的自我积累较多，也反映具有较强的吸收其他地区资金流入的能力。

2. 社会融资规模增量地区差异较大

地区社会融资规模能够较为全面地反映金融与经济关系，体现金融对实体经济资金支持。2014—2018年，三地社会融资规模增量合计基本稳定在2.3万亿—2.7万亿元，但北京、天津、河北之间的差距较大（见图3-2）。北京社会融资规模明显大于津冀两地之和，2018年，北京地区社会融资规模达17784亿元，是天津的5.78倍、河北的2.89倍。社会资金聚集效应明显，更多流入北京地区实体经济。

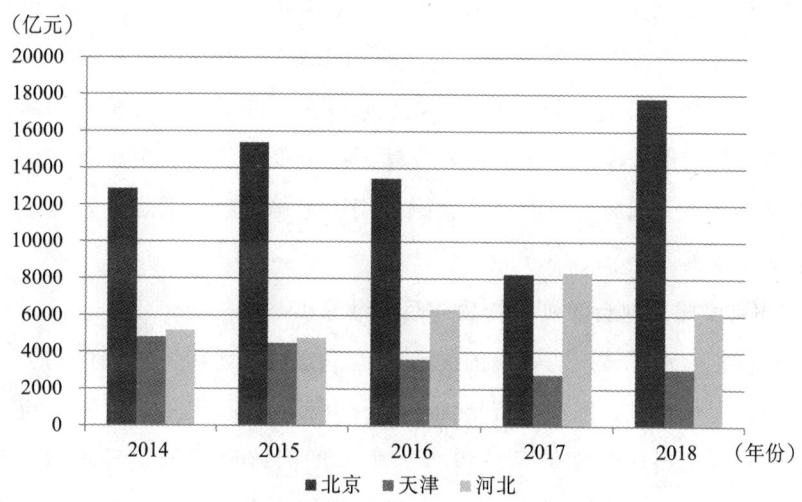

图3-2　2014—2018年京津冀三地社会融资规模增量比较

从社会融资规模占地方生产总值的比重看（见表3-1），北京市所占比重较高，2014年、2015年都达到60%以上，2016年达到54%，2018年达到59%，说明社会融资增量有力支撑了北京经济较快发展，并且对实际经济运行产生重大影响的金融变量不仅包括传统意义上的货币和信贷，也包括信托、理财等表外金融业务，以及债券和股票等直接融资。近三年，天津社会融资规模占地区生产总值比重有所下降，河北比重有所上升。

表 3-1　　2014—2018 年京津冀三地社会融资规模占 GDP 比重

	2014 年	2015 年	2016 年	2017 年	2018 年
北京	60%	67%	54%	29%	59%
天津	31%	27%	20%	15%	16%
河北	18%	16%	20%	25%	17%
京津冀	34%	35%	31%	24%	32%

从地区社会融资增量的结构看，河北省社会融资增量主要依靠银行贷款，人民币贷款占地区社会融资规模增量总额的 78.2%，企业债券、股票融资等直接融资所占份额较小，分别仅占 9.1% 和 1.3%。天津市社会融资增量中人民币贷款占比为 78.3%，企业债券融资占比明显高于河北省，达到 22.9%，股票融资仅占 0.4%。北京市直接融资比重在全国都是比较高的，企业债券和股票融资分别占 39.4% 和 2.2%，人民币贷款占社会融资增量的 42.6%，除此之外，还有一定比重的外币贷款、委托贷款和信托贷款。说明北京市资本市场相对比较发达，融资渠道丰富，金融对实体经济的支撑水平高。同时也说明区域金融发展不平衡，差异明显，影响了区域经济平衡发展。

3. 京津冀三地金融机构贷款差距逐渐缩小

银行贷款水平体现对资金的配置，也是推动地区经济发展的动力。贷款增加，意味着该地区的投资增加，生产资料、消费资料都会随之流入该地区。我国发展现阶段仍是以银行为中介的间接融资占主导地位，2017 年，全国社会融资规模增量中银行贷款等间接融资比重达到 71%。本书用京津冀三地金融机构贷款余额来分析金融对各地经济的支持（见图 3-3）。2017 年年末，北京市金融机构（含外资）本外币贷款余额 69556.2 亿元，天津市 30103.05 亿元，河北省 43315.28 亿元。金融机构的贷款支撑，虽然不及京津冀三地存款差距那么大，但北京也明显高于天津和河北，2017 年是天津的 2.3 倍，是河北的 1.6 倍。并且 2005 年三地贷款额度的差距呈现不断缩小的趋势，说明金融机构对天津、河北的贷款支持力度在加大，增速快于北京贷款增长速度。

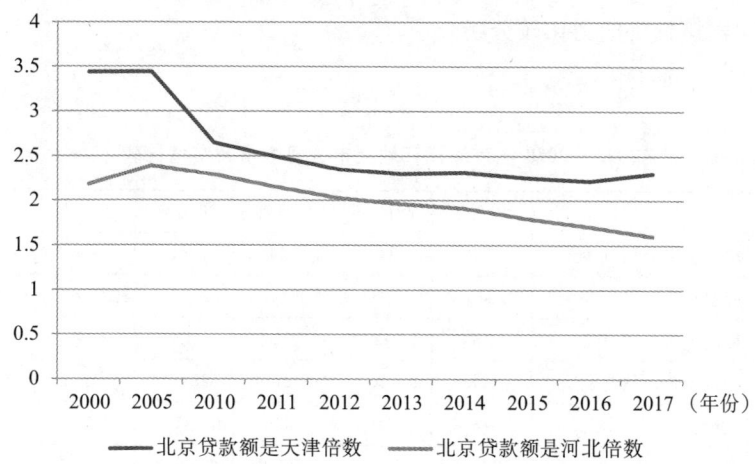

图 3-3 北京金融机构贷款额与天津、河北的比较

4. 存贷差水平体现北京金融运转效率明显高于天津河北

对三地存款余额进行比较可以发现，北京存在巨额的存贷差（见表3-2）。2015 年，北京市金融机构存贷差达到 7 万亿元，2016 年、2017 年进一步扩大到 7.5 万亿元。天津市存贷差一直相对不高，甚至在 2017 年出现负的存贷差，金融体系自身运转效率较高，储蓄存款基本通过金融体系转化为贷款投资。河北省存贷差 2000 年后一直在增长，2016 年达到 1.8 万亿元，而实际上不少企业资金需求大，却面临资金匮乏的局面，说明河北省金融体系运转效率低，服务实体经济的能力较弱。从跨省资金流动看，天津、河北的资金呈阶梯状向北京流动，相当多的资金直接以企业或机构的形式流入北京的银行体系内，没有以信贷的形式回流到津冀经济实体中。随着三地协同发展不断深化，市场主体对金融要素跨地区自由有序流动和合理高效配置提出了新的更高要求。

表 3-2　2000 年以来京津冀三地金融机构存贷差比较分析　　单位：亿元

	2000 年	2005 年	2010 年	2011 年	2012 年	2013 年	2014 年	2015 年	2016 年	2017 年
北京市存贷差	5119	13634.4	30105	35341.4	41647.8	43779.6	46444.9	70013.6	74669.5	74529.8
天津市存贷差	417.95	1258.46	2725.14	1662.2	1896.98	2258.76	1554.73	2154.69	1312.99	-356.89
河北省存贷差	847.55	4349.7	10321.67	11288.93	12939.2	15021.3	15711.7	16319.12	18161.1	17135.99

5. 直接融资能力比较分析

（1）企业上市情况。

表3-3　2013—2018年京津冀三地上市公司数量及市值比较

		2013年	2014年	2015年	2016年	2017年	2018年
北京	境内上市公司（家）	219	235	264	281	306	316
	股票市价总值（亿元）	97040.2	158109.3	133059.03	122303.34	137764.24	115833.63
天津	境内上市公司（家）	38	42	42	45	49	50
	股票市价总值（亿元）	3590	5321.99	6221.4	5285.14	5245.12	3853.01
河北	境内上市公司（家）	48	50	53	52	56	57
	股票市价总值（亿元）	3895.6	6180	8272.81	8205.8	8484.5	5978.48

（2）新三板企业挂牌情况。

表3-4　2014—2018年京津冀三地新三板挂牌公司数量比较

	2014年	2015年	2016年	2017年	2018年
北京新三板企业挂牌（家）	362	763	1477	1618	1440
天津新三板企业挂牌（家）	41	92	171	205	194
河北新三板企业挂牌（家）	23	98	196	238	243

（3）股权投资情况。

2016年，北京地区战略性新兴产业领域有1982家企业获得私募股权投资基金支持，占本市投资案例总数的74.0%，投资金额1839.5亿元人民币，占本市股权投资总金额的72.7%。从全国范围来看，北京地区战略性新兴产业股权投资案例数占全国战略性新兴产业比例为32.0%，金额占比为40.6%。此外，本期北京地区有309家文化创意企业获得了私募股权投资基金的支持，获得投资87.4亿元人民币，投资案例数和金额分别占全国文化创意企业的42.6%和30.2%。

6. 金融市场发育程度比较分析

（1）证券经营及配套服务机构分布极不平衡。截至2018年年底，北京市有证券公司18家，基金管理公司32家，证券营业部543个。天津市有证券公司1家，基金管理公司1家，证券营业部154个，河北省有证券公司1家，证券营业部256个。

（2）私募基金市场。私募股权投资始终看好北京。截至2016年年底，北京市在证监会完成登记的私募股权投资管理机构2019家，管理资金总量约1.4万亿元人民币。备案数和管理资金总量均居全国第一。募资方面，2016年，私募股权机构在京共新募集210支基金，募资金额为1169亿元人民币。投资方面，2016年，北京地区私募股权投资市场共计发生2678起投资案例，同比微升3.2%；涉及投资金额2547亿元人民币，同比上涨73.9%，平均单笔投资金额为1.49亿元人民币。投资领域方面，主要集中在战略性新兴产业和文化创意产业。可见，随着多层次资本市场培育发展，私募股权投资十分活跃，推动北京战略性新兴产业和文化创意产业发展。

7. 京津冀保险业发展比较

保险具有经济补偿、资金融通和社会管理功能，是市场经济条件下风险管理的基本手段。截至2015年年底，总部设在北京辖内保险公司家数有55家，保险公司分支机构97家；总部设在天津辖内保险公司家数有6家，保险公司分支机构61家；总部设在河北辖内保险公司有1家，保险公司分支机构30家。保险机构数量上北京明显多于天津、河北。

从保费收入看（见表3-5），2010年以来，京津冀三地保险业快速发展，保费收入稳步上升。尤其2014年后增速提高，三地保险业都保持两位数增长。2017年，北京实现保费收入1973.2亿元，比上年增长7.3%。天津市实现保费收入565.01亿元，增长6.7%。河北省实现保费收入1713.89亿元，比上年增长14.6%。

表3-5　　　　2010—2017年京津冀三地保费收入比较　　　　单位：亿元

	2010年	2011年	2012年	2013年	2014年	2015年	2016年	2017年
北京	966.5	820.9	923.1	994.4	1207.2	1403.9	1839	1973.2
天津	214.01	211.7	238.16	276.8	317.75	398.3	529.5	565.01
河北	746.4	732.89	766.16	837.59	931.94	1163.1	1495.3	1713.89

保险密度反映了该地区人口参加保险的程度，反映着该地区保险业务的发展水平和人们保险意识的强弱。从京津冀三地保险密度比较看（见图3-4），天津、河北保险业基础较差，2010年人均保费只有1738元和1057元，经过近些年发展，2017年达到3629元和2279元。相对而言，北京保险发展水平较高，2015年发布了《北京市人民政府关于加快发展现代保险服务业的实施意见》，保险业竞争力和整体发展水平进一步提升。体现在保险密度上，2017年达到9089元/人，是天津、河北的3.5倍和3.99倍。北京还提出了深化京津冀保险业合作，鼓励三地的保险机构在保险产品开发设计、业务流程、服务标准、风险监管、打击非法保险行为等方面开展全方位、多角度的交流合作，共同维护地区保险业的科学健康发展。

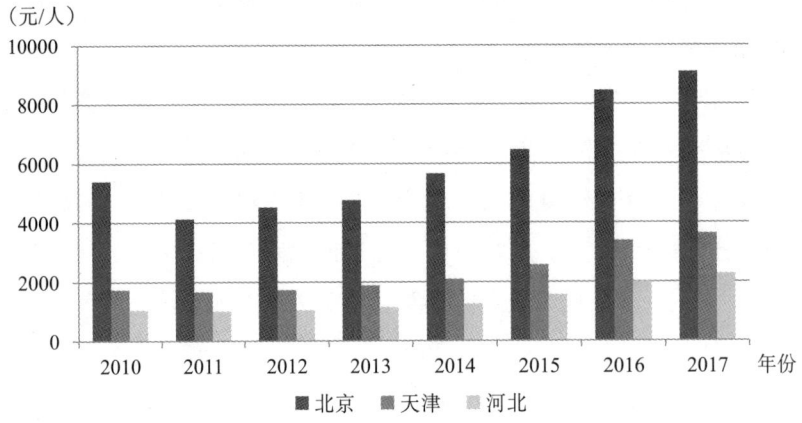

图3-4　2010—2017年京津冀三地保险密度比较

小结：从京津冀金融合作推动京津冀协同发展的基础看，三地金融发展合作空间大。一是北京有充足的金融资金。北京作为国家金融决策中枢所在地，资金较为充裕，具有资本跨行政区布局的实力。二是区域金融发展梯次差距较大。北京多层次资本市场建设取得积极进展，投融资渠道和模式多样，金融发展水平明显高于天津、河北。三是区域金融生态环境尚未从整体上统一构建，尤其是河北省金融体系运转效率较低。总之，三地金融发展对于推动区域协同发展具有很好的条件和基础。

第四章 近年来金融支持京津冀协同发展实践

2014年习近平总书记视察北京并发表重要讲话后,京津冀三地加大金融协作创新,津冀、京冀先后签署了《天津市河北省深化经济和社会发展合作框架协议》和《北京市河北省2013—2015年合作框架协议》。2015年北京市金融局、天津市银行业协会、河北省金融工作办公室联合三地金融机构,重点就金融协同共建曹妃甸示范区融资问题进行探讨研究,签署了合作备忘录,决定由四家北京金融机构提供曹妃甸建设京津冀协同发展示范区融资服务。

一、金融机构立足主业推动京津冀协同发展

商业银行作为我国最重要的金融机构,为了配合京津冀协同发展战略实施,各总行及京津冀辖内分行都积极推进工作机制改革创新,不断创新金融产品和服务,有力推动了京津冀金融协同发展。

一是各商业银行总行纷纷成立京津冀协同发展领导小组。中国工商银行、中国农业银行、中国银行都成立了由主管行领导担任组长,小组成员包括总行各相关业务部门领导及京津冀三家分行主管行领导。各行领导小组负责全行京津冀协同发展工作的领导决策、统筹协调和组织实施。

二是建立跨区域协同机制。2014年9月,北京农商银行、天津农商银行、河北省农信联社共同签署了《京津冀金融服务一体化战略合作协议》,在业务模式、人力资源、产品创新、信息科技、支付结算等方面加强全面协同合作,建立区域协同工作机制,开展跨区域金融业务合作。

三是建立三地分行轮值制度及联动机制。建设银行建立轮值制度，三地分行按年度轮流牵头落实行内京津冀协同发展工作，推动三地业务均衡开展。中国交通银行建立京津冀三地分行间业务联动机制，定期召开三地分行行长联席会、业务部门碰头会，沟通协调区域重点业务的三地联动具体问题，切实推动重点项目业务落地。

四是提供"大同城"金融服务。北京银行联合京津冀三地政府有关部门，借助担保公司平台，推出京津冀惠民金融服务平台，此平台以担保公司平台为媒介，与京津冀三地政府相关部门进行合作，有效开展京津冀区域的互联互通、通存通兑等同城化工作，大力推进"京医通""社保卡"、交通"一卡通"等业务，提高了民众参与金融交易的便捷度。为了增强郊区农民提供金融服务的能力，打造"富民直通车"并完善"投资理财、支付清算、贷款创业"等方面的金融服务。华夏银行在京津冀三地七市推出"华夏京津冀协同卡"，三地持卡人在京津冀地区异地办理业务仍然享受同城待遇，异地取款免收手续费，为银行在三地建立"大同城"金融服务圈提供了契机。目前，北京地区发卡量已经达到19.2万张。

二、创新融资方式努力满足京津冀协同发展资金需求

各行在三地的分支行之间进一步加强区域对接和项目联动，围绕京津冀一体化的重点领域和重点行业，采取内部银团、供应链融资、集团授信等形式，为三地协同发展提供信贷支持。创新结构融资方式，加强与信托、租赁、保险、理财等表外资金合理对接，满足京津冀地区多样化的融资需求。

一是实行差异性银行贷款政策。为了支持"四个中心"建设和北京市非首都功能疏解，中国工商银行制定了《北京市非首都城市功能疏解贷款管理办法》，给予北京市分行特殊政策倾斜。为了加大对京津冀内重点领域重点项目支持，中国交通银行调整了经济资本占用、差异化FTP定价、信贷审批绿色通道等一系列行内政策。

二是创新开展银担合作。2015年4月，北京银行天津分行与中关村科技

融资担保有限公司开创了一项京津金融合作新模式,将北京银行小业务绿色审批机制和担保公司本息担保模式相融合,这种"互信互利、持久稳定"的"银担"合作模式有利于形成"共同下户、独立决策、共同管理"风险管理机制。

三是积极推动基金融资。北京设立首钢京冀协同发展投资基金,母基金规模200亿元,支持首钢北京园区和曹妃甸协同发展示范区的开发建设,组建曹妃甸建设发展投资公司,资本金达到50亿元。目前,产业投资基金完成注册,首期到账10亿元,"5.5+3.5"产城融合先行启动区基础设施建设全面启动,总投资31.6亿元。首钢京唐公司二期总投资439亿元。示范区签约京津项目总投资达到620.2亿元,北京转移项目总投资达到1401.5亿元。2016年天津市设立100亿元京津冀产业结构调整引导基金,助推区域内产业优化升级,中船重工融资租赁等一批产业合作项目签约落地。2017年4月又启动了天津海河产业基金,该基金将通过200亿元的政府引导基金注资和市场化募集,形成约1000亿元规模的母基金群,力争撬动社会投资5000亿元,重点聚焦高端装备制造、新一代信息技术、航空航天、新材料等十大支柱产业和重点支持海洋工程装备、高档数控机床、集成电路等七大新兴产业。

四是国内首单信托业PPP项目落地。2015年8月,通过集合信托计划,国内信托业首单PPP项目——唐山世界园艺博览会项目获得总投资6.08亿元,由中信信托发起向社会募集资金,中信信托股权占比60%,建设运营期限15年。

三、推进京津冀三地金融市场合作

2014年7月,北京产权交易所、天津产权交易中心、河北省产权交易中心在自愿协商、互利共赢的基础上共同发起设立了"京津冀产权市场发展联盟",着力推动三地交易平台在项目、投资人、会员、资本、市场研究等方面协同合作,旨在提升三地交易平台的市场功能,增加交易品种,扩大交易量,助推各类要素资源突破区域限制,在更大范围实现自由流动和优化配置，努力建立起一个统一开放、竞争有序的要素市场体系和产权市场体系。例如，津冀两地共同设立了天交所渤海股权交易中心，大力推动了河北省非上市股份有限公司开展股权交易，有效拓宽了成长型中小企业的融资渠道。截至 2015 年年底，京津冀三地促成各类项目 3015 项，成交 2239 项，均可在京津冀产权市场发展联盟网站查阅。

四、金融政策层面的交流与互动

京津冀三地大力推动区域金融合作，取得一定进展。2005 年以来，中国人民银行成立环渤海金融合作论坛，以年会形式商讨环渤海地区金融合作发展途径。2009 年，中国人民银行天津分行辖区建立了区域经济金融形势分析交流机制，实现区域内信息共享。2011 年，京津冀三地的银监局签署银行业监管合作备忘录。2012 年 4 月，京冀签署区域金融合作协议，决定围绕要素市场、科技金融创新、信用体系建设、金融后台服务基地、金融风险防范、金融综合改革等九个方面开展合作。2013 年 5 月，河北省与北京市、天津市分别签署了经济合作协议，河北省金融办与北京市金融工作局也签署了京冀区域金融合作协议，提出京冀两地要围绕要素市场、科技金融创新、信用体系建设、金融后台服务基地、金融风险防范、金融综合改革实验区等九个方面开展金融合作。

> **案例分析：长三角金融一体化经验做法及启示**
>
> 长三角和珠三角区域经济的迅速崛起，有一个共同点，那就是他们都是承接外资涌入的窗口，是在中国对外开放的特殊历史窗口期成长起来的，是流量带来的财富。外资资本的涌入快速聚集了产业、技术和人才，推动经济快速发展。深圳作为珠三角的领头羊，实行外汇双轨制，深圳使用市场汇率，其他地方都使用官方汇率，所以大家纷纷去深圳办公司，这一点上，深圳是全国养大的深圳，深圳的崛起带动了整个珠三角。具体以长三角区域金融为例说明。

1. 长三角区域金融在市场力量推动下自发协同发展

20世纪90年代初，长江三角洲区域经济一体化进程拉开序幕，上海、南京、杭州等城市迫切感到融合发展的必要性，自发形成了区域协作联席会议制度。随着城市化进程加速，90年代末期，上海进入城市化后期阶段，其他城市进入城市化中期阶段，各城市之间生产要素开始流动，产业开始转移，资产实行重组，极大地加快了经济区域化一体化步伐。1997年4月，长江三角洲城市经济协调会成立，标志着长三角城市开始进入高层次、多领域、全方位的合作阶段。各城市积极推进交通、物流、金融、行业网络等"四通"，发行"长江三角洲专项建设债券"，建立"长江三角洲建设基金"，利用上海作为全国经济中心城市功能，争取浦东发展银行、在沪外资银行到有关城市开设分支机构或办事处，参与上海证券、期货、外汇交易市场。2004年，由上海联合产权交易所负责总体协调，推进"长三角区域产权市场一体化"，实现了信息平台、交易规则、统计口径"三个统一"，交割单互认、从业资格互认"两个互认"。

2. 优越的经济条件为金融合作奠定了基础

长三角地区是我国东部沿海地区最重要的经济、贸易区域，在全国经济中占有较大比重。区域分工协作程度高。据中国人民银行杭州中支统计，每年上海工业品的50%销往江浙两省，江苏工业产品中的30%和浙江工业产品中的20%销往上海。在上海对外省的投资总额中，江浙两地超过60%，而外省对上海的投资总额中，江浙占到三成以上。在长三角区域经济合作中，上海需要利用区域经济的集聚和辐射作用来提升城市的综合实力，而江、浙需要利用上海的窗口作用吸收资金、人才、技术、服务，以提高本地经济社会发展的层次和水平，这种互利互惠成为推动区域经济、金融合作的强大动力。

3. 长三角两省一市金融协调发展体制机制的正式建立

2007年11月30日，上海、江苏、浙江两省一市人民政府与中国人民银行在上海共同签署《推进长江三角洲地区金融协调发展支持区域经济一体化框架协议》，标志着长三角地区金融一体化进程的启动。同年，两省一市建立了推进金融协调发展工作联席会议制度，负责组织和协调金融协调发展中的重大问题。2008—2011 年，金融协调发展联席会议持续召开了四届，有力推进了区域金融协调发展。2012 年，虽然由于种种原因，联席会议暂时停办，作为行政主管层面的金融协调机制告一段落，但是作为市场层面的金融协调合作仍在持续推进，成为推动区域经济一体化的重要力量。

4. 长三角金融一体化取得的进展

一是金融基础设施方面，完成华东三省一市银行汇票改革，开展支票授信业务试点，推广商业汇票转贴现标准合同，推动支票影像交换业务在长三角区域的运行。加快票据电子化建设和票据信息系统建设，积极推动短期融资等金融产品创新，促进金融市场健康快速发展。二是市场融合与创新方面，上海具有较为完备的金融市场，目前已经建立起覆盖全国、联系全球金融市场的银行间外汇市场、银行间同业拆借市场、银行间债券市场、股票市场、期货市场和黄金市场，为长三角企业上市融资提供了高效率的平台。三是外汇管理合作方面，推进本外币兑换特许业务试点和贸易进口跨省异地付汇管理改革，推动跨境人民币业务快速发展。此外，建立并推广贸易进口异地付汇集中备案制度，深化外汇信息和监管服务的跨区共享。四是金融生态环境改善方面，先后签署《信用长三角合作备忘录》《共同应对金融风险合作备忘录》《推进长三角金融服务一体化合作备忘录》，实现了区域信用信息共享，构建长三角担保机构信用评级联合评审机制。五是金融监管合作方面，建立了两省一市金融稳定评估协调机制，发布了《长三角一体化金融稳定评估报告》，在征信与反洗钱、外汇检查、货币信贷、金融统计等方面也形成了一系列跨区协作机制。六是金融机构合作方面，中国建设银行在总行的统一协调组织下，在长三角开展了联手营销、统一授信额度、组建销售网络等合作。中国银行上海分行建成了中行华东信息中心，为提供跨区域金融服务奠定技术基础。

借鉴长三角金融一体化有效做法，需要处理好政府与市场的关系，政府要更多着眼于金融基础设施、风险控制和金融生态环境改善上，更大程度发挥市场自身作用，依靠金融机构自发形成区域协同发展联盟，推动金融在服务实体经济发展过程中的快速发展。

第五章　金融对推动京津冀协同发展的支撑能力分析

京津冀协同发展理念实施以来，金融如何驱动和支撑京津冀协同发展一直处在摸索过程中，既没有较为系统的研究，也没有顶层规划指导实践。本书将京津冀协同发展的资金需求分为两类，一类是具有公共属性的基础设施类重大项目投融资需求，另一类是市场行为特征更为明显的产业转移和升级投融资需求，并分别分析金融的支撑能力和水平，探析两类情况金融支撑能力不足的共性原因。

一、金融对重点项目建设融资需求的支撑

京津冀规划实施和项目建设资金需求巨大，无论是基础设施项目、公共服务保障项目，还是生态建设、治理与保护项目，既具有公共属性，又具有跨行政区的投资特点。这类项目的金融支持，仅仅依靠三地政府各自作为远远不够，投资力度也很有限，需要三地政府通力合作，形成政府资金合力，带动引领社会资金共同参与。

1. 基础设施及公用设施等重大项目融资模式

21世纪以来，国内外许多学者从不同角度对城市开发建设投融资主体与渠道展开了深入研究。从项目区分的角度，认为城市基础设施建设的融资应区分为可收费项目和不可收费项目，可收费项目的投资主体是公用事业公司或政府，资金来源有企业留存收益、借款、公债、股东或税收。不可收费项目的投资者是政府，可通过税收、借款和公债来融资。融资渠道

主要有用户收费、征收财产税和租金、银行贷款和市政债券以及政府间转移支付五种途径。对于能给当地带来普遍利益的公共服务，城市政府可通过征收地方税，为服务供给进行融资。对于具有区域性内部和外部两种效益的服务，可通过征收地方税和上级拨款融资，而只具有区域性外部效益的服务，则通过上级拨款融资。可以定价但具有外部性的服务应该通过向用户收费来解决。可定价但没有外部性的服务则完全可由私人部门来投资经营。

国内学者在城市开发建设投融资这一问题的研究起步较晚，多是在改革实践基础上，研究投融资主体多元化、体制创新和融资渠道市场化相关问题。建设部课题组（2002）对城市基础设施投融资主体多元化进行了深入的探讨，提出了城市基础设施融资的层次概念，认为投融资体制的创新应集中在基础设施专业银行、专项基金的设立和资本市场融资方面，以发挥社会投资者的作用。潘英丽（1997）等认为，城市发行的公债融资是世界上诸多城市开发建设的融资主要渠道，在一些发展较快的城市地区可以考虑作为城市开发建设发行公债融资的试点，发行地方政府债券。陈元（2003）也认为，市政债券是中国城建最具潜力的融资方式。沈富荣（2002）等建议在城市基础设施建设投融资中引入信托机制，城建融资的信托机制主要分为两种方式：以基础设施信托投资基金委中介进行贷款信托、股权融资和融资租赁，以项目公司为载体发行企业债券进行融资。余池明（2003）就民间资本进入城市基础设施领域的特许经营、服务合同等途径进行了详细的分析。黄如宝、王奋伟（2003）等认为融资租赁由于兼有融资和融物的功能，基础设施项目融资租赁可以采取直接租赁、杠杆租赁和售后回租两种方式。邓超、陈晓红（2003）等探讨了城市开发建设中的公共基础设施项目建设中如何利用金融机构的集合委托贷款方式的问题。许骏（2003）等综合分析了我国基础设施领域融资渠道的现状，指出目前主要的融资渠道有财政渠道、银行供应渠道、直接融资渠道、国外渠道和以 BOT、ABS、TOT、PPP、项目置换等为内容的新型融资渠道，建议鼓励企业发行优先股、债券、建立基础产业建设基金等。张伟（2005）对我国城市基础设施建设投融资进行了较为全面的研究，探讨了城市基础设施的土地储备制度融资、市政债券融资、贷款融资、民间资本融资、城市经营融资等融资模式。

从近三年的京津冀项目推进看，基础设施类项目融资更多采取政府投资、银行贷款的方式。京津冀三地财政实力还很有限，2016年北京、天津、河北财政一般预算收入分别为5081.3亿元、2723.5亿元、2850.8亿元，人均财政收入分别为2.3万元、1.7万元、0.38万元。尽管三地政府都加大了协同发展的投入力度，例如，北京市2017年预算中投入新机场建设、非首都功能疏解、副中心建设、对口帮扶和跨行政区生态项目建设资金投入达到333亿元[①]，但可担负的支出能力不足。尤其是河北省，基础设施和公用设施基础差，需要投入大，而自身财力弱，难以通过财政直接投入解决当前的困局。从三地政府筹资看，近年来都发放了地方政府债券，发债规模上河北省力度更大，如2016年，河北省经国务院批准，财政部核定下达新增地方政府债务限额538亿元，其中一般债务235亿元，专项债务303亿元，发债的资金主要用于民生工程、基础设施等项目。即便如此，财政资金仍然捉襟见肘，与京津冀协同发展的巨额资金需求相比，差距非常大。因此，能够通过政府资金引导，带动大量社会资金参与京津冀协同发展，才是战略能否顺利推进的关键。

2. 吸引社会资本不同融资模式的比较分析

除了政府发债、贷款融资等传统融资模式，吸引社会资本参与基础设施等重大项目建设，主要有以下几种融资模式，不同模式的投资结构、承担风险能力和信用大小不同。

（1）基金管理方式。基金管理方式投资基础设施等公共领域，是通过市场化手段，将投资者的资金汇集起来，委托专业投资管理者——基金管理人进行投资和管理。投资者、基金管理人、基金托管人通过基金契约方式建立信托协议，确立投资者出资（并享有收益、承担风险）、基金管理

---

① 《京津冀协同发展：北京今年将投入资金333亿》，载《北京日报》，2017年2月1日。

人受托负责理财、基金管理人与基金托管人通过托管协议确立双方的责权。通过基金管理方式，在投资者与基础设施产业之间搭建起一个平台，有利于填补基础设施建设的巨额资金缺口，减轻财政负担，还能够有效提高基础设施投资及运营效率，避免了政府投资权责不清的弊端，为民间资本开辟了一条风险较低、收益较稳定的投资渠道。近年来，基金管理方式在京津冀建设中采用得越来越多。

案例分析：

2015年3月，京津冀投资三地政府和中国铁路总公司共同成立的京津冀城际铁路投资有限公司，负责统筹京津冀区域城际铁路的投资、建设、运营及沿线资源综合开发。投资公司初期注册资本100亿元，由京津冀三省市政府及铁路总公司按照3:3:3:1的比例共同出资成立，设立的初衷是把京津冀三地作为一个整体，突破现有以行政区划为界限的建设模式，形成统一的线网和市场，为京津冀协同发展体制机制创新积累经验。按照2016年11月国家发改委批复的《京津冀地区城际铁路网规划》，将以"京津、京保石、京唐秦"三大通道为主轴，以京津石三大城市为核心，新建24条3450千米的城际铁路网，形成"四纵四横一环"的格局，要实现这一宏伟规划，所需资金超过了6100亿元。2017年4月份，京津冀城际铁路投资有限公司与中国工商银行、中国农业银行、中国银行等12家机构签约，正式设立京津冀城际铁路发展基金。基金总规模预计将达1000亿元，初期规模600亿元，其中京津冀铁投公司出资60亿元，吸引社会资金540亿元，基金存续期为10年。其中70%投资可用于京津冀区域内的城际铁路建设，30%投资可用于沿线土地综合开发。

（2）PPP（Public-Private-Partnership）方式。PPP即"私人建设—政府租赁—私人经营"，又称公私合营，对某一市政公用基础设施项目通过公开招标吸引、选择私人投资者，组成合作企业，签订双方权利义务，共享投资收益，分担投资风险和承担社会责任，由合作企业对项目实施筹资、建设和运营管理。通过这种方式可以用较少的政府投资吸引民间资金直接投入，把政府部门的规划执行、社会责任、协调能力和企业的资金管理、运行效率相结合，可以降低工程造价，提高效率。比较适合于有长期稳定现金流、通过管理效率提高可实现正常收益的项目。

> **案例分析：北京地铁 4 号线——中国轨道交通 PPP 第一单。**
>
> 　　项目采用公私合营方式，公开招标，引入"香港地铁—首创集团"联合投资成立特许公司，负责 4 号线约 46 亿元的投资建设和 30 年特许经营期内的运营管理，是内地第一个利用外资、引入私营部门运作的地铁项目。北京市政府投入了 107 亿元的资金，负责包含洞体、车站等土建工程的投资建设，车辆、信号等设备资产的投资运营和维护主要由社会投资组建的 PPP 项目公司，即北京京港地铁有限公司来完成。根据特许经营协议，建成后项目公司负责 30 年特许经营期内地铁 4 号线车辆、信号等设备资产的运营和维护，并通过票价收入及广告、零售、通信、地产等收入，回收投资成本和赚取利润。洞体、车站等土建工程则通过"资产租赁协议"从项目公司获得使用权。4 号线自 2009 年投运以来，运营服务达到预期标准。
>
> 　　PPP 第一单成功后，交通基础设施领域引入社会资本大多都采用 PPP 方式，在京津冀协同发展项目中，国家发改委的第二批 PPP 推介项目总投资排在前三位的分别是北京的轨道交通 17 号线（492 亿元）、轨道交通 12 号线（324 亿元）、轨道交通新机场线（275 亿元）；天津的滨海新区轨道交通 Z4 线一期项目（287 亿元）、滨海新区轨道交通 B1 线项目（264 亿元）、地铁 7 号线一期项目（257 亿元）和河北的秦皇岛市西港搬迁改造项目（404 亿元）、京秦高速遵化至冀辽界段项目（293 亿元）、张承高速公路承德段（258 亿元）。京津冀地区的 PPP 项目总投资中交通建设占到 80% 以上。

　　(3) BOT (Build – Operate – Transfer) 方式。BOT 即"建设—经营—转让"，基本思路是政府就某个基础设施项目与非政府部门的项目公司签订特许权协议,授予签约方的项目公司来承担该项目的投资、融资、建设、经营和维护,在协议规定的特许期限内,项目公司向设施使用者收取适当的费用,由此来回收项目投入融资、建造、经营和维护成本,获取合理回报。政府部门拥有对这一基础设施项目的监督权、调控权,特许期满,签约方的项目公司将该基础设施无偿移交给政府部门。

（4）TOT（Transfer – Operate – Transfer）方式。TOT即"移交—经营—移交",是指政府把已经投产运营的基础项目在一定期限内的特许经营权移交给民间投资人（T）通过在约定期限的经营（O）,民间投资人收回全部投资和合理回报,待特许经营期结束后,政府再将项目的所有权收回（T）的一种投融资模式。TOT只涉及已建基础设施项目经营权的转让,不存在长权、股权的让渡,可以避免不必要的争执和纠纷。

（5）ABS（Asset – Backed – Security）方式。ABS即资产证券化,是指以目标项目所拥有的资产为基础,以该项目资产的未来预期收益为保证,在国际资本市场发行债券来筹集资金的一种融资模式。目的在于通过提高信用等级,是原本信用等级较低的项目进入国际证券市场,利用该市场信用等级高、债券安全性和流动性高、债券利率低的特点,大幅度降低发展债券筹资成本。市政公用基础设施资产量一般比较大,负债率较高,资产收益较低,投资回收期长,单一向银行贷款或者上市融资运用ABS这种方式比较困难,通过整合现金流将未来可预见的现金流作为收益支撑,发行受益凭证,实现证券化融资应该是市政公用建设项目融资的一个重要发展方向。

3. 基础设施类项目融资的突出问题

（1）银行贷款项目落地难、落地慢。三年多来,各大银行纷纷加大了京津冀信贷支持力度,纷纷与京津冀三地签订战略合作协议,加大授信额度,但却存在信贷项目对接不上的问题。主要原因,一是贷款种类少。商业银行一般要求提供担保、房屋抵押、收入证明、企业或个人征信良好才可以申请贷款,贷款类型和种类有限。例如,美国、英国等国家和地区,按各种标准设计了不同的贷款类型,美国工商贷款主要有普通贷款限额、营运资本贷款、备用贷款承诺、项目贷款等类型,英国工商贷款多采用票据贴现、信贷账户和透支账户等形式。我国商业银行贷款种类单一,条件严格。二是融资成本高。津冀融资成本比北京明显偏高,从利率下浮占比[①]来看,根据央行数据,2015年12月北京利率下浮占比为61.6%、天津为18.9%、河北为8.1%。可见,北京融资成本明显低于津冀地区。三是项目对接不畅。对京津冀协同发展项目的资本考虑不够,相关投融资设计不到位,没有将可贷款、可资本化、可通过市场融资的分别进行打包和包装,缺乏专业人士设计,造成银政企衔接不上,项目融资难以落地。

(2) 资产证券化等社会融资的成功案例较少。政府投资、银行贷款仍然是基础设施类项目融资的主要渠道,引入社会资本投入还在探索阶段,没有形成较大规模。在各种引入社会资本的融资模式中,综合运用PPP、TOT、BOT、ABS等方式的结构性解决方案设计不多,社会融资与资产管理水平不高。

(3) 政府主推的PPP项目融资落地率较低。PPP并非新鲜事物,自20世纪80年代,在国内基础设施建设领域就被陆续应用。PPP有利于打破区域行业封锁,为民营企业进入基础设施建设等领域提供通道。但从国家财政部前两批项目效果看,落地率并不高,项目主要集中在市政工程、交通运输、水利工程、生态建设等领域,参与PPP项目的社会资本中,央企国企占了大头,民企参与并不多,参与项目投资额占比小,只有那些拥有较强资本实力和行业细分优势的民企,才能参与进来。不少金融机构也开始采取基金的方式,或是与工程公司合作的方式布局PPP领域。民营资本参与度低,主要原因有以下几点:一是PPP项目周期长、投资大、回报低、运营模式复杂,成为制约中小型民企参与的重要因素。二是PPP项目资金门槛高,需要有现金流才能顺利推进。启动项目时需要大量拆借银行资金,导致融资成本高。未来价格机制改革到位与否,将成为影响PPP长期

---

① 利率下浮占比是指利率下浮贷款规模占地区贷款总额的比值,比值越高表明融资成本越低。

发展的关键因素。三是金融机构作为 PPP 项目资金的主要供给者，尚未积极跟进研究 PPP 项目特点，创新设计出融资产品，并且对民企的态度谨慎，使得民企融资难上加难。四是针对民企的隐性壁垒依然存在。一些地方政府部门对民营企业仍采取一些限制性措施，项目信息不透明、招投标信息不对称，设置高额项目诚信金或保证金，不让民营企业参与对接，民营资本进入 PPP 仍会"碰钉子"。相关部委出台的 PPP 政策内容也不是很统一，甚至相互冲突，造成投资者在审批等诸多环节中面对的"婆婆"多，执行起来无所适从。

二、金融对产业疏解和转型升级的支撑

产业转移实质上是产业空间的再选择，既包括生产要素的流动，也包括资金要素的流动。有效的金融支持可以通过充足的资金供给、完善的金融市场、全面的金融服务与科学的金融监管，共同构成金融支持产业疏解转移升级的有效金融保障体系。因此，要扭转京津冀内部不平衡发展，积极推进京津冀协同发展，就必须消除京津两大超级城市所享有的各种政策倾斜和京津冀地区内部市场配置资源的扭曲，为生产要素和资源在京津冀三个不同行政区之间自由流动创造一个公平竞争的政策环境。

1. 金融支持产业疏解转型升级的作用机制

金融支持能够给市场提供充足的资源支持，包括资金、信息、产品、服务等全方位多层次的保障。同时金融市场对要素流动、结构优化与资源配置的促进作用能够进一步发挥资金与信息中介的功能，满足市场投融资与信息交换共享的需求，促进生产要素自由合理流动，推动产业转移升级。

一是资本形成机制。产业疏解转移升级对资金有大量的需求，产业转移伴随着资金要素的流动。金融机构根据市场资金供求和储蓄与投资的关系重新配置资金，提高投资转化率和要素收益率，为产业转移升级对资金

的需求提供保障。通过金融的资本形成机制，为企业筹措资金，便利企业投资于产业疏解转移升级过程中所需的如园区建设、厂房建设、机器设备购置等资金投入，并推动企业进行科技创新改造和科技成果转化。金融市场能够提供各种金融产品和服务，通过商业银行提供间接融资支持、提供政策性资金支持、通过股权融资或发行债券等金融工具直接融资等方式，为企业疏解转移升级提供资金支持。

二是资金导向机制。产业疏解转移升级是产业结构协同化、合理化、高级化的过程。在这个过程中，产业资本要素在产业之间流动组合和重新配置。金融发挥资源配置作用，引导产业资本从低效率、高污染、高能耗、落后产业向高效率、低污染、低能耗、新兴产业流动，对产业资本进行优化配置，从而使金融资源与社会资源向先进产业聚集，提升资金使用效率与生产效率，加快产业升级步伐。

三是信用中介机制。企业在疏解转移升级过程中，对于自身生产经营能力、资金能力、发展前景、市场需求与市场环境的判断均存在信息不对称风险，产业资金投入大、回收期长等特点又进一步加大了风险。金融发挥中介服务功能，对企业经营、财务、信用、行业等方面提供信息，为产业结构调整和产业升级转移提供信息支持，降低产业转移风险。

四是支付和结算机制。在经济全球化和区域经济一体化的大背景下，高水平的金融服务能够提供便利、多元化的资金结算和支付方式，有利于加快资金流动速度，提升资金使用效率，推动经济高效运转。

五是风险防范机制。在产业疏解转移提升中，有效的金融监管能够预防、识别和化解金融风险，为产业资金流动与运转提供安全保障。丰富金融产品、提升金融服务、创新金融技术、改善金融环境的、提升金融风险管理能力均有利于企业资本聚集与技术创新，均能够在产业结构调整、地区产业升级转移中防范和化解风险，提高产业结构协同化、合理化、高级化能力。

2. 京津冀产业疏解转移升级的融资需求特征

京津冀协同发展是国家主导的产业调整模式，工信部等部门研究制定了京津冀产业转移指导目录。作为京津冀协同发展任务，产业升级转移是率先突破的领域之一，实现北京产业疏解转移是协同发展的重点和难点。金融体系是配置产业资本、实现产业调整目标的重要手段。

一是政府干预下的资金分配。为了实现产业疏解转移升级，政府必须帮助企业获得投资资金，维持企业现金流以保障正常经营，协助市场开发保证稳定增长。因此，政府需要具备能够影响金融机构分配资源的工具和手段，干预金融配置资源。

二是央企、国企是产业疏解转移的排头兵。由于北京、天津作为直辖市从中央政府获得了大量国家投资项目，京津冀地区国有经济比重高，区域国有企业资产总额占全国的比重高达60%以上，国有经济比重高于长三角和珠三角地区。相对而言，京津冀地区民营经济发展程度偏低，国有企业对市场和价格信号反应不灵敏，对区域经济一体化要求不强烈，同时也具有受行政干预影响大、服从国家大局安排的特点。2015年7月，国资委率87家中央企业与河北省政府进行对接，推动"央企进河北"。会上，河北省与部分中央企业签署了69项合作协议，涉及重大产业项目329项，双方签署意向总投资超过1.6万亿元，涉及战略新兴产业、现代服务业、治理大气污染等多个方面。

三是产业园区作为承载主体是资金投资布局的重点。2016年8月，在曹妃甸由京津冀开发区创新发展联盟、中国工商银行、北京亦庄国际投资发展有限公司设立了规模达1000亿元的"京津冀开发区产业发展基金"，主要支持三地开发区基础设施建设及产业升级项目。基金引导下，北京疏解企业和津冀企业加速向开发区聚集，形成高端制造产业集群。

> **案例分析：曹妃甸承接京津产业转移的金融支撑**
>
> 曹妃甸在承接北京非首都功能疏解方面受到投资和市场机制的制约。2014年12月，为更好地服务于京津冀协同发展，北京市政府和

> 首钢总公司分别出资100亿元，发起设立京冀协同发展产业投资基金，并由首钢基金来管理，重点投向北京非首都功能疏解和协同发展产业等。首钢基金通过吸引社会资本设立若干只子基金，用于支持曹妃甸园区的开发建设。2015年8月，首钢基金联合社会资本共同发起设立了曹妃甸系列发展基金，基金总规模100亿元，主要投向曹妃甸的交通基础设施、医疗及公共服务事业等，着力提升曹妃甸承接非首都功能疏解能力。曹妃甸系列发展基金推进重大承接平台建设，分别向唐曹高速项目、曹妃甸工人医院项目和北京首朗项目投资。投资曹妃甸工人医院项目时，基金采取"PPP+管理合作"模式，引进北京友谊医院和北京妇产医院的优质医疗资源，在破解京冀医疗资源不均衡难题、促进两地医疗对接方面探索了新的路径。

四是引导金融机构投向优势产业培育发展。《京津冀协同发展规划纲要》明确了京津冀产业发展的指导思想和目标任务，明确了三省市产业发展定位，合理规划产业布局，要求形成区域间产业合理分布和上下游联动机制，打造立足区域、面向全国、辐射全球的优势产业聚集区。大力发展节能环保、新一代信息技术、生物、高端装备制造、新能源、新材料、新能源企业等战略性新兴产业，培养成为我国先导性、支柱性产业。对于北京，重点是疏解，对于津冀，重点是承接并推动产业升级。为此，三地都在探索引导金融机构支持产业发展的路径和手段，政府引导产业基金发展较快。

> **案例分析**
>
> 2017年4月8日，天津市启动海河产业基金，该基金将通过200亿元的政府引导基金注资和市场化募集，形成约1000亿元规模的母基金群，力争撬动社会投资5000亿元，助力京津冀协同发展。该产业基金分为引导基金、母基金、子基金三级架构：由天津市政府出资200亿元设立政府引导基金，吸引金融机构、企业和其他社会资本共

> 同发起设立多只产业投资母基金，形成1000亿元左右规模的母基金群；母基金再通过发起设立若干子基金等方式，进一步放大基金功能，力争撬动社会投资5000亿元。从运作方式上看，天津市政府分别与中国工商银行、中国建设银行、中国银行、北京银行、中信集团、中国保险投资基金、民生投资签署合作备忘录，5年内，七家签约单位将为海河产业基金（含母基金、子基金）提供超过1000亿元的资金支持。海河产业基金管理公司分别与中信信托、紫光集团、民生投资、海尔集团、泛海控股集团、弘毅投资、北京信中利等签署投资意向协议，各方将综合运用股权投资、并购投资、风险投资等多种方式，合作策划并挖掘优质项目，推动重大、优质项目在津投资落地。

3. 京津冀产业疏解转移升级中金融支撑能力分析

（1）银行融资系统对产业发展支撑的缺失。无论是北京以服务业为主的后工业时期的产业升级，或是天津处于工业化后期推动三次产业结构调整和升级，还是河北在工业化中期过程中积极承载北京转移产能，银行融资系统对产业转移和轻资产服务业发展的支持一直跟不上实际需要。当前银行融资体系，一是惯于支持那些拥有足够的固定资产进行抵押、有充足的现金流保障还本付息的企业，才能从银行获得贷款；二是银行通常对劳动生产率较低的国有企业金融支持较多，对创新能力强、劳动生产率较高的中小企业金融支持不足，不利于北京作为全国文化中心、科技创新中心，在京津冀范围内进行科技成果转化孵化，布局战略新兴产业链条和文化创意产业链条；三是金融服务机制不健全，例如，各地金融机构对异地融资设置限制条件，导致企业转移过程中难以获得相应的贷款支持。又比如，金融监管遵循整体性原则，限制了信贷资产转让的活跃度，难以满足日益增长的产业转移调整的信贷需求。

（2）金融产品和服务创新跟不上产业疏解转移升级发展需要。京津冀协同发展中产业和经济领域的发展新动向伴随着多样化的融资需求，即多元化的融资供给方式和融资渠道。除了传统的贷款融资，还有信托贷款、委托贷款等多种间接融资方式，还可以通过场内场外资本市场，发行股票债券，设立产业基金，运用融资租赁等多种方式进行融资。但目前，除了北京具有较丰富的金融产品和服务，津冀两地金融市场和金融创新都满足不了北京转移产业的金融需求。尤其是针对京津冀上下游产业链条构建中生产、改造、贸易等方面的融资需求，相关政策和机构难以提供与之相适应的金融产品和金融服务；对新兴产业、创新企业、新业态、新经济还不能较好评估其风险和收益，难以提供相适应的金融服务。

（3）产业金融生态环境差距较大。北京金融机构密集，企业融资方便、融资成本低，迁到河北之后信用评级下降，融不到钱，带来很多问题。例如，搬迁到河北市县级的企业，一般都是小支行对企业开展服务，服务层级不对等、困难多，所以很多签约搬迁的企业难以生存下去，又都搬走了。造成这一问题的原因是河北省金融生态环境差，体现在产业链条不完善，缺少上下游企业形成产业集群；各地区经济发展水平、环境、企业经营状况存在较大差异，金融机构各分支机构在管理体制上相互独立，跨地区金融政策不衔接、不统一；信用系统和质押抵押系统不互通、不协调，导致许多转移企业无法通过抵押方式从金融机构获得资金解决方案，企业转移后当地的金融机构不了解企业信用情况，由于信息不对称阻碍贷款发放；缺乏对质押抵押资产核实的评价体系，河北省担保公司等金融配套服务发展缺失、业务能力薄弱、费用过高等问题都加大了转移企业融资难度；金融法制环境不规范，会计审计、信息披露等制度不完善，金融执法不规范，存在地方保护主义，金融监管体系不完善，配套的法律法规都亟待建立健全。

三、京津冀协同发展金融支撑服务存在的共性问题

近年来，各金融机构逐步加大了对京津冀协同发展支持力度，三地金融合作明显增多。但无论是基础设施类融资项目，还是产业转移升级类项

目,实际操作中都反映金融支撑不够,一些共性的体制机制问题影响了金融对京津冀协同发展的支撑能力。

1. 缺乏金融协同发展总体规划

在我国严格的金融管控政策下,金融企业和金融资源跨地区流动受到限制,难以按照市场化的原则进行"极化"和"溢出",市场力量自发作用缩小区域差距的机制发挥不出来,需要打破区域壁垒,作出一体化的金融规划顶层设计,从而发挥出金融对经济运行、资源配置的基础性调节作用,由资金流引导信息流、物质流实现资源在各地区之间的有效配置。2014年京津冀协同发展提出后,三地政府逐渐破除了"一亩三分地"的思维定式,但是在金融领域,目前还缺乏专门针对金融协同的顶层设计和权威协调机构,不利于满足京津冀协同发展的金融需求和解决金融协同发展的矛盾问题。一是三地金融发展的功能定位没有厘清。京津冀协同发展规划出台之前,京津两地之间的金融竞争大于合作,存在互相争抢资源、抢夺市场的现象。二是京津冀三地金融合作还仅停留在金融机构各自的自发行动中,没有一个牵总的部门,将京津冀视为一个整体推进金融一体化,金融合作的深度和广度都有待拓展。三是由于条块和行业分割,三地政府金融管理部门、金融监管部门推动金融协同发展的信息交流和工作协作仍显不足,整体合力没有形成。四是金融服务市场没有向京津冀三地的金融分支机构对等开放,金融需求信息也不公开透明,缺少京津冀金融协同发展统一平台。

2. 金融资源配置存在壁垒,削弱了金融对区域经济发展的引领和推动作用

在区域非均衡发展的大环境下,金融资源与其他要素资源一样受巨大的虹吸效应影响向北京聚集,地方行政壁垒进一步加剧了各地对金融资源的争夺。京津冀三地在发展过程中都积极争取更多的金融资源发展本地经济,设置金融壁垒,分割金融市场,阻碍资本的跨地区流动。同时,区域金融资源空间配置过于分散化、趋同化,造成金融资源大量重复配置,一定程度上阻碍了金融要素快速流动。一是融资类金融服务需求难以满足。

面对交通一体化、生态环境保护、产业升级转移等项目巨大的融资需求，PPP等融资模式仍在探索，大量融资仍需依赖银行贷款，而银行又无法及时有效掌握客户债务分类结果和分类原则，影响了跨地区放贷和资金流动。例如，京津冀三地房地产权属部门尚未实现业务共享，银行办理异地住房贷款业务时不易判断借款人持有房屋数量；三地个人贷款抵押登记标准和流程存在差异，给银行提供金融服务带来一定难度。二是区域资金结算未完全实现同城化。对公结算方面，当前主要有电汇、网上银行和支票三种方式。目前，50万元以上的支票还无法实现异地结算，对公结算尚未实现同城化。个人结算方面，目前客户通过ATM或柜台可办理异地转账、异地存取款还要收费，也没有实现同城化。三是金融市场相对分割，阻碍金融要素跨地区快速流动。三地货币市场、证券市场、债券市场等政策都相对独立，主要服务区域范围内地企事业单位，政策措施不统一，口径不一致。要素市场更是在京津地区聚集发展，河北十分薄弱，多层次资本市场的覆盖面不统一，资本要素流动收到限制。四是缺少京津冀协同发展的金融政策。京津冀协同发展国家战略已经实施，但是相应的金融改革创新没有跟上。从京津冀整体层面看，京津冀开发银行、东北亚银行、中小企业银行、科技银行、住房银行等意向性金融机构筹建，还停留在理论层面上。从地区层面看，天津金融改革设计了许多方案，争取了多个金融牌照，如在非公众股权柜台交易市场、离岸金融市场已经达成共识，但尚未落实实施。

3. 区域金融产业链条尚未构建，没有错位互补发展

对照京津冀协同发展规划纲要提出的强化北京金融管理、天津金融创新运营、河北后台服务功能要求，三地并未立足各自比较优势和产业分工要求来调整优化区域金融空间布局，形成各自发展特色，实现错位协同发展。例如，天津定位为"金融创新运营示范区"，目前在金融租赁和投贷联动上迈出了积极步伐，2016年年末，天津金融租赁资产规模占全国近30%，工银金融租赁公司在天津东疆保税港区首创了"保税租赁"模式。天津滨海国家自主创新示范区作为全国首批投贷联动试点地区，截至2016

年年末，天津地区五家试点总行、分行已办理投贷联动业务14户、余额2亿元。总的来看，滨海新区给自己在中国金融版图上的定位是"我国金融体系最完备的试验田"，但没有形成金融集聚效应。滨海新区一直酝酿成立大金融平台，整合区域内部的金融资源，由于现行制度障碍尚未打破，还停留在意向和协调阶段，没有实质性的进展。碳金融、物流金融、航运金融的提出，还没有一家商业银行直接参与其产品设计和研发，观望氛围浓厚，示范区的示范效应还没有展现。规划虽然明确提出强化北京金融管理、天津金融创新运营、河北金融后台服务功能，但具体功能和实践操作上，京津冀三地仍然存在模糊认识，对金融协同发展的路径尚不清晰，区域金融组织结构呈趋同状态，存在相互抢机构，缺少金融协同发展的有效操作指引。

4. 三地金融生态环境建设缺乏合作，不利于金融一体化进程

金融协同发展生态环境较差主要体现在：一是金融同城化的联动机制和平台建设缓慢，三地支付结算、信用担保等同城化程度较低。二是金融行业标准、产品未统一，没有实现互通、互认、互联，跨区金融交易和沟通协调成本高。三地金融与经济发展联动政策难以统一和互认。如在房地产业拉动当地经济增长方面，在京津冀区域尚未推出公积金异地互贷业务，三地面临着出台公积金互认新政、政策统一协同等政府层面的制度创新等障碍因素，需要进一步加快协调，达成共识，协同运作。四是没有协同推进金融风险控制和处置，针对互联网金融等新兴金融快速发展，没有联防联控和协同监管，造成资金链断裂、不良贷款攀升、非法集资群体性事件等问题发生。

总之，目前京津冀三地金融功能定位不具体清晰，金融组织结构没有形成互补，金融资源区域配置效率低下，使金融对京津冀协同发展的支撑能力受限，亟待推进金融一体化进程。

第六章 金融驱动京津冀协同发展的思路和政策建议

在上述京津冀协同发展的金融需求导向和问题导向下，遵循和运用城市群形成发展规律，从金融顶层构架、金融服务能力、资本形成能力三个方面构建推动京津冀协同发展的金融支撑体系，以金融协同和金融支撑为重点，提出改革创新的内容和路径。

一、支撑京津冀协同发展的金融一体化部署安排

1. 建立京津冀区域金融统一监管体制机制

跨行政区的金融协同监管体制一直在探索过程中，2011年河北银监局与北京、天津银监局签署了《京津冀银行业监管合作备忘录》，建立监管合作机制。2013年5月北京、天津与河北分别签署了金融合作框架协议，支持金融机构跨区域发展。2015年3月，北京市金融局组织召开了在京金融行业协（商）会工作协调会，讨论如何充分发挥行业协（商）会作用，充分发挥市场作用推动在京金融管理部门和金融机构参与并支持京津冀协同发展。但三地金融监管部门、三地政府金融部门、民间金融组织之间的合作交流，都已经满足不了当前京津冀协同发展的战略需要和任务要求。建议在国家层面推进跨行政区金融监管体制的改革试点，整合京津冀三地的金融管理部门，在区域范围内设立统一的一部三局机构，在分业监管下统一银行、证券、保险行业的三地标准，推进金融产品与服务的互通、互认、互联，促进京津冀地区金融机构跨区域协同发展。由一行三会牵头，

组建京津冀金融合作研究院等机构，积极组织京津冀金融发展高层论坛等学术活动，吸纳国内外有识之士为京津冀金融联合及协同发展进言献策。

2. 建立京津冀区域金融协同发展领导小组

国家层面，由发改委牵头，设立专门机构，协调三地政府，通过制定一系列协同机制，促进京津冀三地形成分工不同、各有特色、优势互补的多层次金融合作格局。政府层面，研究成立由北京、天津、河北两市一省政府金融协调部门组成的京津冀区域金融协同发展工作小组。小组主要职责是，根据京津冀金融协同发展规划和区域经济金融运行情况，研究制定区域金融发展五年规划和年度任务目标，出台优化区域金融生态环境建设的政策措施。定期召开三地领导小组协调会议，通报工作情况，共享有关信息，对京津冀金融协同发展规划执行过程中出现的问题，三地政府及时进行沟通解决。领导小组要对三地政府职能部门和金融协调部门分工负责的工作进行监督检查，建立包括组织领导、执行落实、考评奖惩、检查监管等考核体系，将京津冀金融一体化发展纳入考核体系中，从而促进三地政府积极寻求金融合作，推动京津冀金融协同发展。

3. 制定京津冀金融协同发展规划

加强顶层设计是三地金融业协同发展的必要条件。当前京津冀发展不协调，一定程度上是市场资本自由选择的结果，要打破京津对河北资金、人才等资源的"虹吸效应"，需要跳出过去金融资源配置和资本投资的传统模式。重点针对京津冀区域金融发展不平衡、不协调，坚持金融一体化发展原则，打破"一亩三分地"的思维定势，促进金融资源在更大范围内合理流动和优化配置，推动金融市场的一体化、金融业务同城化。建议由北京市政府牵头，联合天津市政府、河北省政府，根据京津冀协同发展规划布局和任务，结合北京、天津、河北三地金融业发展优劣势，明确京津冀三地金融功能定位、金融资源布局、改革创新重点等，推动三地政府开展金融合作交流，促进资源配置和要素流动，为京津冀协同发展提供金融支持。

4. 制定并优化区域金融政策

发挥北京市金融决策优势，研究完善区域金融协同发展政策，创造有利于区域金融一体化发展的良好政策环境。重点在区域金融合作、规范金融交易、保护产权主体、促进公平竞争等方面，制定出台区域性法律法规和规章制度，约束京津冀区域范围内市场主体的行为规范。制定支持鼓励政策，推动金融机构理顺和完善支持京津冀协同发展的机制建设，包括信贷授权一体化机制、评级分类准入互认机制、授信统一管理机制、异地信贷业务管理机制。探索打破省际界线，各银行总行配置专门的信贷规模，不占用三地分行正常信贷规模，以缓解当前部分分支机构信贷规模不足的难题。针对新兴金融业务，加大对创投风投政策支持，鼓励金融科技创新发展，规范发展互联网金融，推动新兴金融健康发展。制定特殊的区域金融人才政策，尤其是要健全金融高层次人才、高技能人才和紧缺型人才的引进机制，探索建立京津冀三地互认的高端金融人才可以落户京津、不占用京津常住人口指标的人才政策，推进三地统一开放的人才资源市场建设。

二、创新解决京津冀协同发展融资需求

实施京津冀发展规划，资金需求巨大。只有发挥好市场和政府两个作用，通过市场化运作，让国家资本与民间资本有效结合起来，充分发挥政府资金和社会资本各自的作用，建立中央企业资本、国有资本、民间资本集群效应，弥补项目融资的资金缺口。推进路径，首先，让擅长于基础设施投资建设、行政执行力较强的国有资本发挥引领作用，率先在京津冀区域布局。其次，京津冀建设成败的关键是有效激发社会资本投资热情。应大力推进多元化投融资模式，搞好京津冀建设的资金融通。最后，加快构建京津冀整体金融市场框架体系，把北京、天津和河北三地的资本结合起来，吸纳全国资本助力京津冀。

1. 发挥好政府资金引导带动作用

京津冀三地财政资金应加强统筹，按照规划加大重点地区转移支付力

度，聚焦重点，集中力量办大事。要发挥财政资金的撬动效应，更好发挥资金杠杆引导作用。对于可以通过市场化运作的项目，采用基金管理平台、PPP等方式进行支持；对于可以通过第三方实施的专项，采取政府购买服务的方式进行支持；对于无法通过市场化运作的项目，通过转移支付、财政奖励的形式进行补助。对于财政实力较为薄弱的地区，特报特批方式允许发行地方政府债券，多方筹措资金，加大资金使用绩效评估，提高财政资金使用效率。

2. 扩大金融机构融资功能

京津冀协同发展对信贷资源需求量巨大，单家机构受信贷规模等因素限制，往往难以满足项目融资需求。各金融机构总部要加大对京津冀地区资金配置的比重，按照京津冀协同发展空间、产业布局，加大对基础设施建设、环境保护、产业升级、科技创新、扶贫开发等重点领域和薄弱环节的支持力度。尤其对交通、生态、产业三个率先领域，对京津冀区域内国家级重点项目、京津冀协同发展重点项目、产业转移客户，优化信贷流程和资源配置，开展金融产品创新，采取银团贷款、联合贷款作等方式，增大资金供给。

一是对因优质企业迁移而产生的跨区域信贷项目，建立金融服务京津冀产业转移跟着客户走的工作机制。实行"客户共同服务、利益共同分享、风险共同承担"的原则，在前期营销、后续服务的各个环节发挥各自优势，从总部到生产基地，三地协同无缝流水线式开展服务，充分协同作战，避免内部竞争，形成内耗。三地分支机构应建立信息共享机制，提供协同营销、协同风控的金融服务。

二是坚持金融服务实体经济的本质要求，强化产融结合，避免盲目引进金融资源，形成金融与产业间的良性互动。借鉴长三角鼓励金融机构跨区经营、发布《"长三角"信贷投向指引》的做法，建立京津冀银团信贷合作平台。利用北京、天津的资金、技术资源与河北的空间、项目资源，通过银团贷款和联合授信的形式，消除区域、机构分割对信贷资源流动的限制。在京津冀区域建立公开、透明、统一的票据交易平台，促进票据市场的安全、稳健、高效运转。适当放宽小额票据贴现的审查条件，促进小额票据在京津冀区域市场内的流通。

三是创新金融管理和服务机制，引导和支持股份制商业银行、城市商业银行、农村商业银行在京津冀地区拓展经营网络，特别是要鼓励金融机构在经济发展潜力大而目前金融服务资源相对不足的新区、县级市、开发区等地设立网点、延伸服务。同时，鼓励区域内金融机构间的互动，实现相互代理、业务合作、客户共享、技术合作和战略联盟等。

3. 创新并推行新型投融资模式，激活民间资本

研究制定基金方式和 PPP 模式能够顺利落地的项目融资政策，统筹政府有关职能部门和金融机构政策，构建公开公平透明、投入机制清晰、产权明晰、盈利水平合理的投入机制，营造民间资本参与并进行投资的良好环境。加大投资银行、资产管理类人才培养，加强投资项目包装设计，推动银行、证券、政府、企业和资本市场有效衔接，搞活资产证券化等融资模式，让不同类型的投资项目在不同市场领域顺利落地。

4. 发挥多层次资本市场作用，做好京津冀协同发展金融服务

推进区域间金融服务市场建设和金融资源优化配置，降低制度性交易成本，建立各种类型、多层次的资本市场，更好落实金融服务支持京津冀城市群建设、产业转型升级、疏解首都非核心功能。支持企业上市和股权、债券融资，完善兼并重组机制，鼓励区域企业境外融资。规范发展碳汇、石油、文化、新能源等要素市场，积极开发符合要求的金融产品和服务，扩大影响力，形成定价权，逐步形成全国性的要素交易市场。

三、推动区域金融产业链条错位发展

抓住京津冀协同发展战略机遇，按照强化北京金融管理、天津金融创新运营、河北后台服务功能要求，优化京津冀金融产业链布局，推动金融市场和基础设施一体化，加强内外资源整合和业务协同，探索推进金融管理机制一体化，有序推进京津冀金融业协同和一体化进程。京津冀三地应立足各自比较优势，立足现代产业分工要求，立足区域优势、互补原则，调整优化区域金融空间布局，形成各自发展特色，实现错位协同发展。

1. 强化北京金融管理功能

北京应遵循世界级城市群核心城市发展规律，建设具有国际影响力的金融城市。北京作为全国金融管理中枢地区，在市场机制作用下聚集了大量金融机构，金融业早已是首都经济的重要支柱产业。按照世界级城市群形成发展规律，随着核心城市的逐渐成长和壮大，金融资源倾向于从城市群内其他城市流向中心城市，进而催生了综合性的国际金融中心。并且排名居前的全球金融中心，几乎都依托于世界级城市群而存在。因此，按照京津冀战略规划，要打造以首都为核心的世界级城市群，会滋生具有国际影响力的金融中心城市。北京既要落实"四个中心"定位，强化全国金融管理功能，又要遵循市场规律，做强国家金融中心，进而顺利成为全球金融中心，适应大国首都和强国首都的发展要求。

2. 加快天津金融创新运营示范区建设

天津已逐步建立起全牌照、多层次、开放型的金融机构体系。下一步，应加大金融创新力度，推进新型金融业态和业务先行先试。充分利用天津港口优势，与北京合作研发海洋金融、跨境人民币借款、离岸金融等创新产品和服务。加强互联网金融产品创新，建设互联网金融、大数据创新实验室，创新开展网络银行业务，通过与网络电商平台合作，双方系统对接，引入网络信用，实现客户资源共享、信息实时交换、共同控制风险的目的，为网络平台上的交易客户提供全流程网上操作的创新金融服务模式。天津滨海国家自主创新示范区和天津银行列入全国首批"投贷联动"试点，应积极开展创新试点，尽快形成可复制经验在全域推广。

3. 强化河北金融后台服务功能

建立京津与河北金融合作互利共赢机制，引导京津金融机构将数据中心、呼叫中心等密集型劳动服务功能落地河北，推动京津金融机构有序疏解和在河北发展布局，强化金融后台服务功能。注重提升河北综合发展环境，加强金融配套、法律体系、基础设施等诸多方面建设，规范金融市场主体行为，积极推进社会信用体系建设，增强金融文化建设，发挥毗邻优势，借助辐射相应，加快改善金融生态环境，逐步聚集更多产业金融资源，形成产业集群。积极争取参与京津重大金融项目合作，争取政策倾斜和制度支持，借助协同发展战略契机不断深化金融市场，推进金融业发展。

四、营造良好金融生态环境

金融生态环境的好坏，决定着该区域对金融要素、生产要素的吸引力，是一个地区金融业持续、健康发展的重要基础。

一是创造良好的投资环境和政策环境。这是激发社会资本热情的关键。前些年，由于河北省行政效率和市场化程度等因素，高度活跃的民营资本，往往不愿选择河北省进行投资。厘清政府与市场的关系，加强政府和市场的分工协作，为企业参与京津冀建设提供多元化的金融支持和服务，真正建立共建、共享的利益共同体。深入推进"放管服"改革，北京、天津尤其是河北，应全面开展"权力瘦身""审批提速""减证便民"等行政改革，加快建设便民便企的政务环境。

二是建设京津冀区域征信服务大平台。探索将三地的金融、工商、海关、通信、税务、社保等系统的征信记录整合，为企业及金融机构提供全方位的数据信息，更好地为京津冀协同发展服务。平台搭建过程中，学习借鉴珠三角地区的做法，积极开展非银行信息采集工作，将企业环保、社会保障、产品质检、住房公积金工资拖欠等信息纳入征信体系。借鉴长三角两省一市政府和人民银行建立的"信用长三角"工作机制，在金融数据共享、反洗钱、金融监管、金融风险防范方面开展区域间合作。同时，引导地区间社会信用管理与评级机构开展合作，推动京津冀信用评级市场一体化，鼓励区域内信用评级机构开展多形式的业务交流合作，扩大评级结果的互认和共享范围。只有把金融信息共享、信用互认等推进合作的基础工作做好，才能促进三地金融业持续健康发展。

三是加快信息化等金融基础设施一体化建设。促进金融机构加快自身基础设施更新和信息化建设，加大金融科技投入力度，做好各种软硬件设施设备升级扩容和信息安全工作，推动京津冀地区各分支机构之间信息一体化，支撑企事业单位跨区域搬迁转移和开展业务的金融服务需求。在金融机构自身信息一体化基础上，搭建京津冀地区金融服务公共信息平台，实现公共信息共建共享，并接受统一监管。建设与扩大金融 IC 卡应用范围，整合金融 IC 卡与各行银行卡、三地公交卡、ETC 等公共服务领域消费卡，推动便捷结算与消费。建设京津冀金融大数据分析中心，发挥京津地区互联网企业和大数据公司优势，在第三方支付、众筹融资、电商融资、智能银行、O2O 等方面，打造区域性的金融创新试验田。

四是优化区域金融安全运行保障环境。三地金融管理部门建立跨区域金融风险防范机制，加强金融风险信息沟通，对非法集资和非法从事金融业务的活动实施联合治理。三地金融机构应建立风险协调处理机制，加强区域内发生风险的管理和协调处理能力，加强突发公共事件应急管理合作，防范信息不对称可能导致的信贷风险。关注京津冀产业转移、结构调整、城市功能疏解过程中存在的风险，切实落实"绿色信贷"政策，严格贷款全流程管理，加强信贷风险防范。建立反洗钱行政调查信息会商机制，互通资金流动上下游动态信息，充实调查甄别数据，增强调查时效。建立外汇监管协作机制，加强外汇分支局合作，加强京津冀外商投资企业的联合监管。建立金融维权、金融信息安全通报机制，防范金融风险。

第二部分

金融驱动京津冀协同发展的支撑性研究

金融驱动京津冀协同发展的支撑性研究，是从不同视角分不同子课题围绕京津冀协同发展所做的研究与思索。主要包括五篇：第一篇金融在大城市群形成和发展中的作用及实践研究；第二篇基于协同视角下的京津冀金融生态研究；第三篇资本驱动京津冀协同发展研究（基于全产业链理论的北京上市公司研究）；第四篇科技金融助力京津冀协同发展研究；第五篇首都金融创新发展问题研究等。这些支撑性研究共同支撑起了本书的核心性研究成果——本书的第一部分金融驱动京津冀协同发展"总论"。

第一篇 金融在大城市群形成和发展中的作用及实践研究

金融在大城市群中的作用及实践经验借鉴研究，主要基于金融支持区域协同发展的理论视角。包括：区域金融与区域经济理论、金融生态体系理论、金融生态体系理论、金融生命周期理论以及金融地理层级理论等，基于上述理论，分析审视金融对典型大城市群形成和发展中的作用，分析相关主体如何主动作为等实践，对更好发挥金融驱动京津冀协同发展中的作用，意义重大。

第七章 金融支持区域协同发展的理论依据

一、区域金融与区域经济理论

凯恩斯理论产生以来，市场经济国家纷纷开始干预区域经济，西方经济学也开始讨论区域经济差异形成的原理、表现形式和解决问题的理论模式。随着区域经济的发展，自然均衡理论、增长极理论、"回波效应"与"扩散效应"理论、倒"U"形理论和梯度转移理论等著名理论的出现，从不同角度深入揭示了区域均衡与增长之间关系。自然均衡理论在生产要素自由流动与开放区域经济的假设下，认为随着区域经济增长，不同区域之间的差距会缩小，不平衡增长是短期的，平衡增长是长期的。然而区域经济增长并不像新古典经济学家设想的那样，发达地区与欠发达地区的经济增长情况并不一致，随着经济发展，区域差距没有缩小反而拉大。因而，一些经济学家提出了非均衡增长理论，认为经济发展往往从一些条件较好的地区开始，一旦这些地区获得初始优势而比其他区域超前发展，将不断积累有利因素继续超前发展，从而进一步强化和加剧区域间的不平衡。非均衡增长理论及其相应的发展战略受到发展经济学家和发展中国家经济决策者的关注。政府应当优先发展条件较好的地区，以寻求较好的投资效率和较快的经济增长速度，通过扩散效应带动其他地区发展，但当经济发展到一定水平时，也要防止累积循环因果造成贫富差距的继续扩大，政府必须制定一系列的特殊政策来刺激落后地区的发展，以缩小经济差距。要缩小区域差距，必须加强政府干预，加强对欠发达区域的援助和扶持。

关于金融发展与区域经济增长的关系，争论一直持续不断。Patrick（1966）最早提出金融发展与经济增长因果关系，主张金融发展只是经济增长对金融服务需求的被动反应，即需求遵从，认为金融发展附属于经济增长。之后很多经济学家通过实证研究弥补了这一不足，主张金融发展能促进经济增长，即供给主导，认为金融发展是经济增长的必要条件。越来越多的文献表明，一个好的金融体系可以减少信息和交易成本，进而影响储蓄率、投资决策、技术创新和长期经济增长率。1973 年，麦金农和肖分别出版了《经济发展中的货币与资本》和《经济发展中的金融深化》两本著作，从金融抑制和金融深化两个角度对发挥中国家经济和金融体系进行分析，揭示了金融发挥与经济增长的相互关系。麦金农和肖认为，发展中国家货币金融市场具有四个典型特征，即货币化程度低、金融市场不完善、二元金融机构并存以及政府对金融活动严格管制。金融抑制会导致金融指标失真，无法准确反映市场对资金的供求情况，阻碍了经济增长。因此发展中国家应该实施金融深化改革，不再对金融体系过分干涉，恢复金融体系在集聚和配置金融资源上的优势，提高投资收益率，推动金融体系完善和经济增长。金融深化理论提出后，引起西方经济学界的巨大反响，国外许多经济学家对金融深化理论进行了实证检验，支持了该理论的研究结论，并将麦金农—肖的静态分析模型扩展为动态分析模型。但从实际情况看，东亚经济腾飞和战后日本经济复苏并没有支持金融抑制理论，在此背景下，1997 年托马斯·赫尔曼、凯文·穆尔多克、约瑟夫·斯蒂格利茨发表了《金融约束：一个新的分析框架》，首次提出了金融约束理论，强调政府对金融温和干预，可以促进资源有效配置和经济增长，在发展中国家的经济效果要优于完全金融自由化。

20 世纪 70 年代后，一些研究开始着眼于城市与区域内部金融资本之间的动态关系，金融地理学流派研究主要集中在金融地理格局及其发展过程、金融服务空间的不均衡性、金融在资本积累中扮演的角色、特定金融制度的空间组织与应用、金融中心的发展和金融流动与产业发展的关系等。不少学者开展微观层面的研究，分析金融机构在引导特定地区资本流动过程中的作用，如通过信贷配给、信贷排除等对社会产生的影响。其中，金融发展对区域经济的影响，一直是金融地理学领域的一个重要话题。区域经济有其特殊的运动规律，在金融发展理论一般性规则的指导下，形成了区域金融的作用机制与运动方式。执金融发展促进区域发展这一供给主导观点的研究，主要认为：

一是金融发展有利于增加区域资本投入。这一观点主要秉承了斯密和李嘉图等主流经济学派，认为资本的形成和积累在经济发展中发挥着至关重要的作用，资本积累的扩大是国民财富增加的根本原因。而资本的积累在很大程度上又取决于储蓄的规模和资本产出的效率。区域金融发展水平，比如资本市场的发育程度、金融产品的多样化程度、金融部门的效率和融资机制等，都会影响储蓄率和储蓄向投资的转化。金融系统越发达，可供选择的金融机制和金融工具就越多，人们的投资意愿和动机就越强，一些非生产性的或暂时闲置不用的资金就越容易被吸引到生产性用途上来，储蓄向投资的转化率和转化效率就越高，资本积累的速度加快，区域发展就越快。

发展经济学更是强调资本形成在发展中国家和地区的积极作用，纳克斯的"贫困的恶性循环"理论、纳尔逊的"低水平均衡陷阱"理论、缪尔达尔"循环累积因果关系"理论、罗斯托的"起飞"理论和钱纳里的"两缺口模型"理论，都把资本匮乏看作是制约发展中国家经济发展的最主要因素，从而使资本形成成为推动发展中国家经济发展的最主要动力。在市场经济作用下，资金具有趋利性，引导着区域间金融资源的自发配置，不可避免地出现欠发达地区或城市开发建设的初期还没有产生较高的利润项目而吸引不到更多的金融资源，使得建设速度严重放缓。麦金农和肖认为，欠发达地区的资金短缺是因为金融资源配置不合理带来的融资渠道堵塞和资金成本的扭曲造成的。因此，要推动区域增长，促进金融发展是有效的途径和手段。

二是金融发展有利于改善区域资本的配置效率。资本具有逐利性，在市场经济条件下，金融系统能够将资本配置到资本边际效益最高的领域和项目上，从而提高资本的运营效率，促进经济增长。在信息充分的情况下，资金会首先流向投资风险小、盈利水平高的产业和地区，资本的边际效益得到提高。那些具有发展潜力的筹资者能够获得资金进行技术革新和产品生产，那些具有发展前途的科技研究和成果转化能够获得更强的资金支持，从而促进科技进步并提高要素生产效率。同时，金融机构对企业的监督也有利于企业改变经营方式、改善经营管理和提高经营效率，从而提高资本产出效率。

三是金融发展有利于促进区域经济分工与合作。金融能够通过区域性信贷、区域性资本市场、吸引区域外资本等手段，根据不同地区生产要素的禀赋差异，合理支持地区优势产业发展，推动形成地区主导产业和不同区域的合理分工。区域资源的合理配置，意味着根据比较利益原则，促进区域外资源的合理流动，形成资源的最佳组合，从而有利于提高区域经济效益。在合理的区域分工基础上，统一开放的金融体系又会促使货币资金等生产要素合理流动，促进区域经济合作。尤其是在区域性资本市场或全国性资本市场建立健全后，将进一步带动区域经济的协作。区域发展较为落后的地区，可以在区域金融政策的支持下，配合财政政策支持，促进金融发展，进而在一定程度上缩小区域间差距。

20世纪90年代后国内也开始了金融发展与经济增长关系的研究。1997年王广谦分析了现代经济发展中金融因素与金融贡献度，认为金融对经济发展的贡献度体现在三个方面，即金融有助于提高要素投入量，有助于提高要素生产率，金融部门的产值直接增加了经济总量。韩廷春（2002）研究认为发育良好的金融系统，能推动投资增加、资本积累、技术更新、生产力提高，推动经济更快增长，形成经济良性循环。伍海华（2002）采用多变量因子分析法对31个省区市金融发展状况进行定量评价，实证发现经济增长的启动在很多程度上取决于资金积累能力和引入外部资金能力。我国经济呈现的由东到西阶梯式走弱的特征是我国金融发展呈现区域二元结构的反映。要想从根本上解决经济发展的二元结构，必须从根本上提高中西部地区金融发展水平。李江、冯涛（2004）实证分析后提出要缩小区域差距，关键是要提高金融组织的规模和质量。沈坤荣、张成（2004），李萍、张道弘（2004）等通过计量经济学方法研究得出金融中介配置资金效率低下造成了金融发展对经济增长作用不显著。就金融体制改革而言，更大的问题不是如何将储蓄变成投资，而是应该按照市场化改革方向改变银行贷款的流向，发挥市场配置资金的重要作用。

从上述金融发展与地区经济发展的关系研究可以看出，金融发展不仅与经济增长之间存在很强的相关性，而且是经济增长的先行指标，金融推动力的差异更是区域经济发展差异的重要因素。因此，通过制定时宜的金融政策促进金融发展、改变落后地区金融状况已经成为推动区域加快发展、促进地区协调发展的重要途径，需要进一步探讨推动区域协同发展的金融路径。

二、金融生态体系理论

自然生态是人类生存的基础，而金融生态体系论则认为是良好的金融生态系统是区域协同发展的重要基础。金融的生态体系是指金融产生、存在的环境、系统、背景，不同的金融生态体系有不同的金融结果，从而对区域协同发展会有不用的影响作用。目前我国学者对金融生态的研究主要集中在金融生态内涵、影响因素、评价指标体系及实证四个方面。金融生态是从生态学概念引申而来，最早由中国学者提出，主要研究检验上述的四个方面。目前形成的代表性观点有金融生态环境观、金融生态系统观。金融生态环境观认为金融生态环境即金融生态，强调从金融机构外部环境等方面来研究金融生态问题。例如，周小川（2004）认为，金融生态是指金融业运行的外部环境，而非其内部的运作状态，包括法律、社会信用体系、中介服务体系、会计与审计准则等方面。苏宁（2005）认为该外部环境主要包括经济、信用、市场等环境。而金融生态系统观认为金融生态是一个复杂的有机系统，包括金融生态环境、依赖该环境而存在的金融主体以及各主体之间、主体与环境之间的相互作用、相互影响过程（徐诺金，2005；李扬，2005）。该观点将金融生态上升到系统层面，突出了金融生态的"生物系统"性。

国内很多学者也都提出了金融生态可以促进区域经济发展的理论。宋逢明（2005）认为，改善金融生态环境可以使经济系统建立一种自我调控机制，在该机制作用下，制度得以有效运行。实证上，韩延春、赵志赞（2009）、李延凯（2011）通过对中国金融生态演进与实体经济增长关系进行实证分析，从不同的角度均得出金融生态演进能够影响实体经济增长。温智良（2008）对江西省，张强（2008）和周晓强（2009）对长株潭城市群，汪来喜（2012）对中原经济区的金融生态环境与区域经济增长的联系进行了研究，均认为优化金融生态环境对提高金融效率，进而促进区域经济增长具有重要意义。崔健（2012）研究了京津冀地区金融生态环境和经济发展之间的关系，得出金融生态环境对 GDP 有正向拉动作用。

通过上述阐述，我们得出良好的金融生态对区域经济发展起着重要的支撑作用。建设京津冀区域经济一体化必然离不开金融的发展与支持，而区域金融的发展又要求建立良好的金融生态，建立良好的区域金融生态环境能提高金融资源配置效率，促进京津冀实现产业转移与区域经济协调发展。

三、金融生命周期理论

生命周期理论将区域经济划分为不同阶段并分别讨论了各阶段金融对区域经济发展的促进作用。该理论认为：事物发展经历的是诞生、成长、成熟、衰退的周期，在每一个时期里面事物的状态、特征是不同的，它强调了成长的阶段性，同时描述了一个经济发展周期内金融发展的轨迹，由此可以更清楚的认识每一个发展阶段上金融与经济的关系。区域经济按照时间段可以分为以下 5 种阶段：经济缓慢增长期，对应区域金融的引入期；经济较快增长时期，对应区域金融的成长期；经济快速增长时期，对应区域金融发展的成熟期；区域金融发展与区域经济发展实现良性互动，这个时期是各项发展政策的最终目的；经济增长趋稳时期，对应区域金融发展的衰退时期，此时区域金融规模的扩大反而会损害实体经济的增长。

区域经济处于不同阶段时，所采用的策略和方法也不尽相同。如果区域金融发展规模太小，难以实现良性互动，金融对于区域经济的促进作用难以发挥。发展此类区域金融只能靠外部因素，即采取政府引导方式发展金融规模。如果区域金融发展规模适度，呈现出与区域经济良性互动局面，那么区域金融正处于成熟发展阶段，资金发挥最大效率，对区域经济的促进作用十分明显，此类区域应该采取市场机制作用的政策，政府无须太多介入。如果区域金融发展规模过度，会造成资金浪费，致使资金利用率低。此时金融对区域经济的促进作用再度减小。对此类区域应采取的政策是及时调整金融结构，将金融发展调整入成熟期状态，而非扩大金融规模。

四、金融地理层级理论

纵观全球，金融资源的地理层级表现为三个层面：第一是全球国家金融地理层级，由于历史、地理、环境和社会等方面存在巨大的差异，导致当前国与国之间经济发展极不平衡。加之金融市场结构、金融制度、金融信息等构成的金融资源禀赋不同，全球金融地域系统内部各个元素之间呈现出较为分明层级特征。傅雪莹等就曾经对此进行专题研究，并提供了相应的证据。第二是区域金融地理层级，即相邻国家或者区域构成的金融圈层系统正在逐步取代传统"相互分割"的金融中心，成为参与国际金融竞争的主体和新型国际金融秩序的主导者。这一现象在欧洲大陆地区尤为明显。第三是全球城市金融地理层级，由于金融资源主要附着于城市，因此存在等级的城市世界必然会造就世界金融的层级性，并通过国际金融中心体系的形式表现出来。不仅如此，在世界城市体系的框架下，可以看到当前全球金融中心竞争力最强的七大中心，除去作为城市国家的新加坡之外，其余金融中心都依托于世界级城市群而存在。

第八章　金融在世界大城市群形成发展中的作用

从城市群的演进规律看，资金、劳动力等要素的聚集促进了区域城市圈的发展，区域城市圈的发展又从宏观上促进了产业的进一步集聚和国家整体竞争力的提升。世界主要经济体的竞争力又通过城市群的发展引领着一国的核心竞争力。例如，美国自20世纪50年代开始兴办工业园，资金、技术、劳动力加快向工业园聚集，截至20世纪末，各类科学园、技术园、工业园遍布了美国的49个州。欧洲、东亚的各类园区也发展迅速，在园区要素集聚的基础上形成了世界有名的五大城市群。

表8-1　　　　　　　　世界大城市群主导的城市化浪潮　　　　　　　单位:%

城市群	占国土面积	人口集聚度	经济集聚度
美国东北部城市群	1.5	18	24
美国五大湖城市群	2.2	16	18
英国伦敦城市群	18.4	65	80
欧洲西北部城市群	20.2	35	44
日本太平洋城市群	26.5	69	74

数据来源：我国新型城镇化与要素流动体制创新研究：以京津冀为例，2015。

美国东北部大西洋沿岸城市群。简称为波士华城市群，或纽约城市群。拥有大城市有波士顿、纽约、费城、巴尔的摩和华盛顿，中小城市40余座，大中小城镇200个左右，面积13.8万平方千米，占美国国土面积的1.5%；人口4500万，占美国总人口20%；城市化水平达到90%以上，是美国经济核心带，制造业产值占全美国的30%左右，是目前世界上最大的城市群，也是世界上最大的国际金融中心。

北美五大湖城市群。也称为芝加哥—匹兹堡城市群，跨美国、加拿大两国国界，大中小城市达35个，其中人口在100万以上的城市有20多个，面积约24.5万平方千米，总人口5000万；制造业占美国的70%，是世界上特大制造业带。

日本太平洋沿岸城市群。又称东海道太平洋城市群，或东京城市群，由东京、名古屋、大阪三大都市圈构成，全日本11座超百万人口的城市中有10座分布在这一区域，大中小城市达到310个，面积10万平方千米；人口7000万，占日本总人口的63.3%。分布着全日本80%以上的金融、教育、出版、信息和研究开发机构，占日本工业企业和工业就业人数的2/3，工业产值的3/4，国民收入的2/3。以日本首都东京为核心，东京是日本最大的金融、工业、商业、政治和文化中心，是集多种功能于一身的综合性世界城市。

英国伦敦城市群。又称为伦敦—伯明翰—利物浦—曼切斯特城市群，以伦敦为核心，集中了英国5个主要城市、10多个中小城市，面积4.5万平方千米，占英国总面积的1/5；人口3650万，占英国总人数的50%。是产业革命后英国主要工业生产基地，占英国经济总量的80%。伦敦既是英国首都，也是世界三大金融中心之一。

欧洲西北部城市群。包括法国的大巴黎地区城市群、德国的莱茵—鲁尔城市群和荷兰比利时城市群，是世界五大城市群跨国界最多的城市群。人口在10万人以上的城市有40座，总面积约14.5万平方千米，总人口4600万。

本书主要以波士华城市群和东京城市群为例阐述金融在城市群形成中发挥的作用。

一、波士华城市群形成发展中金融发挥核心引领作用

1. 波士华城市群的发展及其金融发展的情况

回顾城市的发展历程，可以划分为如下几个阶段。

第一，城市群形成早期，具有一定的金融基础。17、18世纪，纽约、费城、波士顿等城市圈之间相对独立发展。由于奥费城作为美国最大的贸易港口城市和政治中心，其经济腹地最为广阔，成为美国历史上首个金融中心，这里是第一国民银行和第二国民银行的总部，它控制着全国的资金融通，集聚雄厚了金融资源，也为其他城市金融发展设置了很大障碍。这段时期，纽约和波士顿的金融服务也主要局限于本地相对狭小的空间里。然而，由于城市之间相互封闭，虽然费城金融业集聚能力很强，但是其他中心城市金融业也有一定的发展。

第二，城市群发展中期，金融加速城市群的形成。随着伊利运河的建设，城市群内联系进一步增强，波士华城市群也正式迈入发展时期。此时，以纽约为中心的经济圈延伸到了大湖区和中部的俄亥俄河流域，极大提升了纽约的经济地位，并超过了以费城为中心的经济圈，纽约金融中心地位崛地而起。1851—1853年，纽约就有27家新银行成立，超过1849年银行数量的2倍。1855年纽约全市已有50多家银行，联合资金高达6000万美元，此外还集聚了众多的保险公司和信托公司。与此同时，纽约与波士顿金融资源整合也在继续，昔日曾与纽约互执牛耳共同上演美国金融"双城记"的波士顿，其金融业开始寻求错位式、专业化发展之路，尤其是纽约大型金融机构并不感兴趣的互助式地方金融在这里发展却十分旺盛，为本地提供银行服务和商业活动提供贷款。

第三，城市群成熟时期，形成完善的金融体系。随着科技、交通和通信的迅猛发展，波士顿、纽约、巴尔的摩、费城和华盛顿五大都市圈不断融合和演化，波士华城市群逐渐走向成熟，金融资源空间更为合理的配置。城市群内形成以纽约为中心的金融圈层体系，即围绕纽约，既有美国金融文化底蕴深厚的费城，也有以专业性而闻名的波士顿，还有充当决策和信息中心的华盛顿。另外，为应对大城市不断上升的金融经营成本，城市群中还开辟出作为金融产业后援基地的新泽西。这种配置使城市群内综合性金融中心和专业性金融中心并存，城市之间金融错位发展、优势互补，由此形成的协同效应强化了这一区域金融在全球的竞争力。

2. 波士华城市群的金融资源空间格局及其带动城市群发展所起的作用

波士华城市群当前的金融资源空间分布格局并不是与生俱来的,而是随着城市群发展而持续演化形成的。在波士华城市群中,金融资源空间形态表现出较为明显的等级性。从金融业从业人数来看,城市群内纽约大都市圈无论在绝对值还是相对值上都有较为明显的优势。从金融业产值来看,2006年,纽约大都市圈的金融业增加值约为1700亿美元,占本地经济总量的16.82%,在美国363个大都市圈金融业增加值总量中占比为18.25%。而同期华盛顿大都市圈、费城大都市圈、波士顿大都市圈金融业增加值分别为纽约大都市圈的13%、24%和18%;分别占本地经济总量的6.1%、15.11%、12.35%;在美国363个大都市圈金融业增加值总量中占比分别为2%、4.42%、3.32%。不仅如此,城市群中金融资源空间分布的变化还会促使产业结构的空间分异。在波士华城市群里,历史上费城、波士顿等主要金融中心地位发生衰退之后,都不约而同地转向发展制造业。随着城市群融合度持续提高和经济发展水平的提高,各个城市产业逐渐迈入服务型经济体系,金融业又得以较大速度的发展。在城市群体系达到成熟并趋于稳定之后,产业结构呈现出两种特征:一是城市群金融资源空间分布较为稳定,自2001年以来纽约都市圈、费城都市圈和波士顿都市圈金融业在全美都市圈中所占份额基本不变。二是金融业发展与制造业并非同步发展,即在城市群内一个城市很少同时充当制造业中心和金融中心的角色。一般的情况是,中心城市是金融中心,外围城市是制造业基地。

3. 金融在波士华城市群发展中所起的核心引领作用

纵观各个时期及其金融空间分布情况,我们可以发现,优异的金融资源在波士华城市群形成发展中起到了至关重要的引领作用,可以体现为以下几个发展模式及发展趋势:第一,金融中心城市引领带动城市群发展。纽约作为该城市群的核心城市,是全美乃至全球的金融服务中心,投资效益高、基础设施完善等优势使其具有非同寻常的吸引力,辐射带动城市群中的各个城市的发展,是以金融资源促进城市和城市群发展的典型模式。第二,金融促进多元化产业集聚。城市群内各城市都有各自的优势产业,若孤立地看，每个城市主导产业都是唯一的，从而使产业机群的集聚特点并不十分明显。但通过区域内的产业调整和协作，城市群在总体内形成了在更高层面上的部门多元化产业集聚。因此，在金融资源充足的条件下，更加快了这种集聚趋势的速度。第三，依托航运中心地位，金融业具有全球开放特征。美国城际交通运输体系主要以高速公路为主导，极大地增强了城市间的经济往来。波士华城市群位于东北部大西洋沿岸，在该区域发展的各个阶段中，纽约、波士顿、巴尔的摩等著名港口及机场使得波士华城市群始终保持与世界市场的密切联系，进而使该区域的经济具备外向型特征。第四，金融推动房地产业和城市郊区化集聚发展。房地产业在美国经济中占据着举足轻重的地位，作为波士华城市群经济结构中的重要组成部分，其对城市空间结构影响十分巨大并主要反映在对城市郊区化的扩展方面。而房地产业的发展与金融业的发展密不可分，以金融为核心的波士华城市群对房地产业也起到了重要的推进作用。

二、东京城市群发展过程中金融发挥的作用

1. 工业化及多产业协调发展促使城市群的形成

不同于美国城市群粗放式扩张的发展模式，日本土地等各种自然资源十分有限，东京城市群形成过程中，采用了以便利、完善的基础设施为基础，以集约化产业链为格局的发展模式，形成疏密相间、适度集中的城市群。同时，方便、快捷的交通网络体系建设，是确保都市群内产业联动与一体化发展的前提和支撑。城市群内东京、名古屋及阪神地区的高速公路与日本南北相贯的五条大干线相接，形成了全国高速公路网体系。区域内拥有日本最大的港口群体和航空网络，超高速的新干线和地铁几乎能到达所有重要地区。铁路、公路、航空和海运组成了一个四通八达的交通网，通向日本全国及世界各地。这在很大程度上也推动了工业化发展，而高度的工业化又推动了城市群的形成与发展。再看其工业化的发展历程，东京地区的工业进程经历了初级工业化、重化工业化、高加工化和知识技术高

度密集化阶段，走过了一个逐步提升、产业结构不断优化的发展道路，形成都市型加工业在中心城市占有一席之地、一般制造业则由中心城市向外扩散的城市群产业布局。

多产业协调发展，共同构成聚集优势。城市群的形成过程也是其内部不同规模、不同等级城市产业特色形成的过程，各城市根据自身的基础和特色，承担不同的职能分工，从而使城市群具有区域综合职能和产业协作优势。中心城市东京都依托发达的都市型工业和生产性服务业，发挥着政治、行政的国际、国内中枢职能，金融、信息中枢职能以及科教文化的中枢职能，同时配以拥有海港及空港优势的神奈川地区和千叶地区作为工业和物流产业集聚地及位于东部的多摩地区发挥高科技产业、研究开发和科研的职能。在城市间产业和职能分工协作的基础上，形成经济的高度一体化，并由此构成具有分工合作和优势互补的城市群整体效应和综合竞争能力。

2. 金融在日本城市群发展过程中的发展模式

第一，点式金融模式。在第二次世界大战以前，当时的日本城市群并未形成，金融资源空间分布较为零散，形成若干个独立的金融中心，彼此之前并没有太多的联系。Reed（1980）研究，东京、横滨、大阪和神户都是实力相当的亚洲金融中心，其排名时有变化。如在1900年的时候，横滨已经成为亚洲重要的金融中心，但是东京、大阪和神户并未入流。而后随着东京、大阪和神户的兴起，与横滨形成了实力相当的金融中心。

第二，金融资源极化模式。这种发展模式是城市群成长阶段所形成的，最为明显的特征是东京作为核心城市出现，集聚和吸纳城市群相对分散的金融资源，成为全球性金融中心。在东京的极化作用下，其他金融中心的金融资源开始减少乃至衰退，成为次一级的区域金融中心。

第三，圈状金融中心发展模式，进入21世纪以来，早已形成的金融中心等级体系又有了一些新的变化：一是次级金融中心主动寻求与东京实现金融错位发展，如大阪重点发展股指期货交易、证券选择交易、股指选择交易等证券衍生服务业，其股指期货交易占全国的近70%，股指选择交易占比几近100%，证券选择交易额约为东京证券交易所10倍。二是东京为强化自身的国际金融中心地位，也主动与次级金融中心强化合作，如目前东京证券交易所集团和大阪证券交易所公司已经于2013年1月合并业务组建日本交易所集团，并在日本证券清算公司整合双方的结算业务、双方的衍生品交易业务，从而降低投资者的金融负担。三是金融业和制造业的中心——外围结构的形成，巩固东京金融地位的同时，也使外围区域金融中心经济发展动力充足。总之，在圈状金融中心时期，金融资源的空间等级分布特征仍然存在，但是金融中心在金融产业链、金融与非金融产业链的联系下，已经浑然成为一体。

三、金融支撑世界级城市群形成发展的经验总结

对上述波士华城市群和日本城市群的形成发展分析可以发现，美国和日本两国城市群的迅速扩展，都将重点放在了建设国际金融中心上，在城市群建设中逐渐形成优质金融服务。同时，较为成熟的城市群，又为国际金融中心的建立提供了稳定的政治经济条件、高效的组织体系、先进的基础设施和良好的监管环境。此外，城市群内各城市由于其聚集经济效益，吸引众多跨国公司总部集中，在跨国公司全球资源配置战略的影响下，促进了城市群经济集约化、国际化发展，从而使其具有影响控制全球经济的高端服务业活动和资金运作的战略地位。

第一，"资本"聚集孕育了大都市区。在区域经济发展中，金融的作用不仅表现为对区域资本特殊的聚合功效，还表现为对区域经济显著的结构调整作用，通过这种调整可以产生经济结构重组的结构动力，孕育产生了大都市区。

第二，世界城市群催生了全球金融中心。在世界城市体系的框架下，可以看到当前竞争力居于前十强的全球金融中心，除了作为城市国家的新加坡之外，其余金融中心都依托于世界级城市群而存在。

第三，金融中心的存在有利于增强城市群的发展。首先，金融中心有

利于资源在中心与周围城市的双向流动；其次，高端产业向金融中心聚集：国外著名城市群发展历程表明，随着核心城市的逐渐成长和壮大，金融资源倾向于从城市群内其他城市流向中心城市，进而催生了综合性的国际金融中心。在这一过程中，城市群内一些金融中心城市的金融产业或开始衰退，或开始另辟蹊径；面临第一种情况的城市往往会选择多元化产业发展战略，尤其是着重发展工业和制造业，但是随着经济发展阶段的不断提高，也会转向多元化的服务型经济，金融业又重新有所发展，但特色依旧不明显，昔日金融中心的地位也一去不复返。最后，二者形成的互补作用。在面临第二种情况的城市则选择在核心城市作为综合性国际金融中心的前提下，寻求专业化发展，在某一细分的金融领域内形成优势品牌，与核心城市形成金融分工和互补，从而使自身金融中心地位依旧具有较大的影响力。

第四，金融等级体系需要与城市等级体系相一致。金融资源具有等级分布的天然特性，这一规律在城市群中同样适用。在全球大城市群中，一般都存在由综合性金融中心和专业性金融中心、全球性金融中心和区域性金融中心构成的金融等级体系。各等级金融中心之间相互竞争、分工和支撑，形成一个紧密联系的金融地域系统。这种金融地域系统在空间上表现为以中心城市为核心，城市群内多个主要城市共同构成的地理景观。然而，从各个城市群发展的历程来看，金融等级体系和城市等级体系都在不断地发生变化，且常常不一致。这种情景是否是城市群发展的一个客观规律？会产生怎样的影响？已有的理论和研究似乎并不能给出完满的答案，因为大多数文献认为金融资源是沿着城市体系进行集聚和扩散，而按照国际城市群金融资源空间配置经验，金融等级体系和城市等级体系应该是重合的。

第五，创新有利于金融生态体系的完善。金融生态体系的完善是经济与金融更加紧密的必要保证。而近岸外包由于转移方和承接方地理区位毗邻，在语言、文化和制度等方面具有诸多相通之处，因而具有较大的成本优势。伴随着金融自由化的浪潮和网络信息技术的发展，为规避传统金融中心高营运成本的压力以及提高安全性，数据中心、清算中心、银行卡中心、研发中心、呼叫中心、灾备中心、培训中心等金融后台业务都可以在一些具备相应条件的低成本中心进行。如在纽约大都市圈，曼哈顿地区更多地承担了总部决策业务和与客户面对面交流的前台业务，而将后台业务移至外围城市。位于曼哈顿以西100千米的泽西市（Jersey City）正是依靠良好的商业环境、相邻的区位优势和相对低廉的经营成本成为纽约金融中心的金融后台服务基地。高盛、德意志证券等大型金融机构纷纷在此建立了各种后台业务支持系统，相似的现象还发生在纽约州的威切斯特市。在亚洲，香港与珠三角在制造业"前店后厂"的合作模式正被升级到金融业"前店后场"的新版本。随着中国银行（香港）、渣打银行、汇丰银行、东亚银行、花旗银行（香港）后台服务中心布局于珠三角地区，一些城市正在致力于将纽约的"新泽西"、伦敦的"都柏林"移植到亚洲，成为香港的"新泽西"或"都柏林"。

第二篇　基于协同视角下的京津冀金融生态研究

　　基于区域经济、区域金融相关理论,以及世界大城市发展的经验借鉴,金融生态在促进京津冀协同发展中将起着至关重要的作用。因此本部分基于协同测度的角度,评估京津冀金融协同发展的情况,提出优化京津冀金融生态体系的建议。

第九章 京津冀金融协同发展的测度

协同一词最早来源于古希腊，意为协调、整合与优化。延伸到区域金融范畴，协同发展就是在合理分工的基础上，充分发挥各自要素资源禀赋优势，调整区域金融业发展结构，达到逐步缩小区域内部金融业发展差距的目的，实现相对均衡的发展状态①。其内涵在于实现区域金融这个整体系统的金融运行效率的提高和金融功能的提升。区域金融协同发展的内涵包括立足于区域金融业发展现状，承认区域内部发展差异，在市场经济体系内，以区域内要素资源禀赋为依据合理分工与定位，发挥比较优势，错位发展。协调统一金融政策与金融行动，形成区域间金融要素流动有序，收益分配合理，发展差距适度的良性循环。

一、F-H 模型及其适用性分析

1. F-H 模型原理

Feldstein-Horioka（FH）检验，也称储蓄—投资相关性检验，最初是用于检验世界资本市场一体化程度的，即作为资本跨国流动性的衡量指标。其基本思想是假设如下两种极端情况：一是假设当跨区域资本完全不流动时，区域的储蓄只能用于本区域的投资，同时区域内所有的投资完全由本区域的储蓄支持。在这种情况下，区域投资和区域储蓄间是完全相关的关系；另一种极端情况是假设跨区域资本可以完全流动时，任何区域的

---

① 张国俊，苏存. 区域金融协调互动发展的内涵及实现路径 [J]. 银行家，2013（9）.

储蓄可以用于风险回报率最高的任何区域投资。换句话说，区域储蓄与全球投资机会相对应，区域投资由全国或全球资本资金池支持。虽然这并不一定意味着区域投资与区域储蓄间的相关系数为0，但是相关系数必然显著低于1。

F-H模型公式如式（9-1）所示，也称无条件的F-H公式，因其直接使用的原始数据进行分析。

$$(I/Y)_{it} = \alpha + \beta (S/Y)_{it} + \varepsilon \qquad (9-1)$$

方程（9-1）中，I为投资，Y为地区GDP，I/Y为投资率，S为储蓄，S/Y为储蓄率，i表示地区，t表示时间，ε为误差项，β是储蓄—投资相关系数，即F-H系数，用以描述区域金融协同发展的强弱程度。Feldstein和Horioka对储蓄与投资的相关关系的实证研究认为，相关系数β的取值如果越接近数值1，则表明该研究地区的金融协同发展程度越弱；反之，如果相关系数β的取值几乎为0，则说明该研究地区达到完全的金融协同发展程度。

2. F-H模型的适用性分析

F-H模型是从宏观层面上衡量资本跨国流动常用的方法。但风险溢价与货币贬值的存在或者受政府操纵汇率水平的影响，有文献指出该检验并不能对资本流动性程度作出充分的判断[1]。然而上述这些因素在一个国家内部并不存在，即比起跨国资本流动性测试，FH检验更适用于检验一国或区域内部的资本流动性，用以反映区域金融协同发展程度[2]。

对京津冀区域进行F-H检验之前，先来看一下F-H检验在应用到为人熟知的金融协同发展程度较高的国家时，是否会显示较低的储蓄—投资相关率。对此，已有不少学者进行了研究，例如，Thomas（1993）[3] 对

---

[1] S. Sinn. Saving-investment correlations and capital mobility: on the evidence from annual data [J]. Economic Journal, 1992 (9): 1162~1170.

[2] Genevieve Boyreau-Debray, Shang-Jin Wei. Pitfalls of State-Dominated Financial System: The Case of China [D]. NBER Working Paper No. 11214, 2005 (03).

[3] A. H. Thomas. Saving, Investment and the Regional Current Account: An Analysis of Canadian, British and German Regions [J]. IMF Working Paper, 1993, No. 93/62.

加拿大、英国、德国地区，Bayoumi 和 Rose（1993）[①] 对英国和德国地区，Bayoumi 和 Klein（1995）[②] 对加拿大地区、Deckle（1996）[③]、Iwamoto 和 Wincoop（2000）[④] 对日本地区分别应用 F－H 模型进行了研究。文献的研究结果均发现这些地区的储蓄与投资的相关关系并不显著，这与这些地区内部几乎完全自由的资本流动情况相一致，表明了应用 F－H 模型检验区域金融协同发展程度的合理性，为下文应用 F－H 模型检验京津冀区域金融协同发展程度提供了实证支撑。

国内应用 F－H 模型的实证研究并不多，胡永金等（2004）[⑤] 对我国东、中、西部的资本流动情况进行了分析，魏尚进（2004）[⑥] 研究发现中国整体的金融协同发展程度反而是下降的。对于京津冀区域金融协同发展程度的分析更为少见。本书采用国际上运用较多的 F－H 模型，从资本流动性角度对京津冀金融协同发展情况进行分析。

3. F－H 模型检验步骤

（1）无条件的 F－H 模型检验。根据我国银行体系一家独大的国情，对应用 F－H 模型进行检验的数据序列进行调整。分别用区域银行体系的贷款余额与存款余额替代投资额与储蓄额，将投资与储蓄的相关关系转换为研究贷款额与存款额的相关关系，对于系数仍然称作储蓄与投资的相关系数。这样将上述原始的无条件的 F－H 模型公式（9－1）转换为：

$$(L/Y)_{it} = \alpha + \beta (D/Y)_{it} + \varepsilon \tag{9-2}$$

方程（9－2）中 L 为金融机构贷款资金存量，D 为金融机构存款资金

[①] T. Bayoumi and A. K. Rose. Domestic Savings and International Capital Flows [J]. European Economic Review. 1993（37）：1197～1202.

[②] Bayoumi. T. and M. W. Klein. A Provincial View of Capital Mobility. NBER Working Paper, 1995, No. 5115.

[③] R. Dekle. Saving－Investment Associations and Capital Mobility：On the Evidence from Japanese Regional Data [J]. Journal of International Economics. 1996（41）：53～72.

[④] Y. Iwamoto, E. V. Wincoop. Do Border Matter? Evidence from Japanese Regional Net Capital Flows [J]. International Economic Review. 2000（41）：241～269.

[⑤] 胡永金，张宗益，祝接金. 基于储蓄—投资关系的中国区域间资本流动分析 [J]. 中国软科学，2004（05）.

[⑥] 魏尚进. 中国资本市场分割程度实证诊断 [J]. 财经，2004（1）：52～53.

存量。β 即为反映区域金融协同发展程度的系数,也称为无条件的储蓄—投资相关系数。

(2) 引入有条件的 F-H 模型。在无条件的 F-H 模型基础上,进一步分析影响区域金融协同发展程度的因素。这里借鉴 Iwamoto 和 Wincoop (2000) 对日本地区储蓄—投资相关性的测算方法,在原始数据的基础上,逐步排除影响金融协同发展的外部因素——地方政府的影响因素与内部因素——金融业自身发展环境因素。

(3) 剔除地方政府的影响因素。用地区财政支出与地区名义 GDP 相除得到 F_{it} 来表示地方政府在经济中的影响,操作如下:

$$D_{it}^{*} = \alpha_i + \alpha_F F_{it} + e_{it}^{D1} \tag{9-3}$$

$$L_{it}^{*} = \beta_i + \beta_F F_{it} + e_{it}^{L1} \tag{9-4}$$

剔除地方政府的影响因素后的储蓄序列与投资序列由方程 (9-3) 和 (9-4) 中生成的残差序列 e_{it}^{D1} 与分别 e_{it}^{L1} 表示,用 e_{it}^{D1} 与 e_{it}^{L1} 分别作为自变量与因变量,再次进行回归,得到:

$$e_{it}^{L1} = \alpha + \beta' e_{it}^{D1} + \varepsilon \tag{9-5}$$

β' 就是剔除地方政府影响因素后的有条件的储蓄—投资相关系数。与无条件的储蓄—投资相关系数相比,可以分析出地方政府是否显著影响区域金融协同发展程度。

(4) 进一步剔除金融业发展环境影响因素。对金融业发展环境这个影响因素的剔除体现在对名义 GDP 序列的处理上,用 HP 滤波方法进行数据平滑,平滑后的序列用 y_{it} 代表。将 y_{it} 和 F_{it} 同时作为自变量,分别利用方程 (9-6) 与方程 (9-7) 对存款额序列与贷款额序列进行多元回归。由此分别得到新的残差项 e_{it}^{D2} 与 e_{it}^{L2} 即同时剔除地方政府影响因素及金融业发展环境影响因素后的储蓄与投资序列。再将 e_{it}^{D2} 与 e_{it}^{L2} 分别作为自变量与因变量,进行面板数据分析,就是更严谨的衡量区域金融协同发展程度的测度了。操作如下:

$$D_{it}^{**} = \alpha_i + \alpha_y y_{it} + \alpha_F F_{it} + e_{it}^{D2} \tag{9-6}$$

$$L_{it}^{**} = \beta_i + \beta_y y_{it} + \beta_F F_{it} + e_{it}^{L2} \tag{9-7}$$

对方程（9-6）（9-7）得到的残差序列，再重新回归：
$$e_{it}^{L2} = \alpha + \beta'' e_{it}^{D2} + \varepsilon \qquad (9-8)$$

β'' 就是同时剔除金融业发展环境和地方政府两个影响因素后的有条件的储蓄—投资相关系数，据此分析金融业发展环境是否显著影响区域金融协同发展的程度。

二、基于 F–H 模型的京津冀金融协同发展实证分析

1. 数据选择

根据以上分析及数据的可获得性，对京津冀三地（记 $i=1,2,3$；分别代表北京 BJ、天津 TJ、河北 HB 三个地区）的数据进行分析。时间跨度 t 为 2004—2013 年，以 2004 年为起始年研究，是因为京津冀三地一体化的进程启动可以追溯到 2004 年，以这一年"廊坊共识"的达成为标志。选择的数据序列包括地区名义 GDP（Y）、地区财政支出（G）、金融机构年末存款余额（D）和贷款余额（L）。

2. 数据预处理及单位根检验

首先用各地区金融机构年末存贷款余额与地区名义 GDP 相除得到贷款率 $(L/Y)_{it}$ 和存款率 $(D/Y)_{it}$，分别对序列 $(L/Y)_{it}$ 及 $(D/Y)_{it}$ 进行单位根检验，根据 Eviews6.0 输出结果，$(L/Y)_{it}$，$(D/Y)_{it}$ 均通过了面板数据单位根检验，且均为一阶单整 $I(1)$ 过程，因此可以进行进一步的检验。

3. 模型形式的设定

（1）数据涉及的是面板数据，有三种模型形式可供选择[①]：

形式一：变系数模型 $y_i = \alpha_i e + x_i \beta_i + \mu_i$

形式二：变截距模型 $y_i = \alpha_i e + x_i \beta + \mu_i$

形式三：不变系数模型 $y_i = \alpha e + x_i \beta + \mu_i$

（2）根据 F 检验结果判断上述三种模型形式：

---

① 高铁梅：《计量经济分析方法与建模（第 2 版）》，清华大学出版社，2009 年版。

运用协方差分析检验，检验如下两个假设：

$H_1: \beta_1 = \beta_2 = \cdots = \beta_N$

$H_2: \alpha_1 = \alpha_2 = \cdots = \alpha_N$

$\beta_1 = \beta_2 = \cdots = \beta_N$

通过计算假设检验的 F 统计量进行判断，如果统计结果不能显著拒绝 H_2，那么样本数据符合不变系数模型，不需要再做进一步的检验；如果统计结果显著地拒绝 H_2，那么就还需要进一步检验假设 H_1。检验结果不能拒绝 H_1 的话，则认为样本数据符合变截距模型，反之，则采用变系数模型。

分别构建变系数模型记其残差平方和 S_1，构建变截距模型记其残差平方和为 S_2，构建不变系数模型记其残差平方和为 S_3。截面数目记为 N，时间期数记为 T，解释变量的个数记为 k。

构建 F 统计量

$$F_2 = \frac{(S_3 - S_1)/[(N-1)(k+1)]}{S_1/(NT - N(k+1))} \sim F[(N-1)(k+1), N(T-k-1)]$$

$$F_1 = \frac{(S_2 - S_1)/[(N-1)k]}{S_1/(NT - N(k+1))} \sim F[(N-1)k, N(T-k-1)]$$

获得 S_1，S_2，S_3 后，手工计算 F_2，F_1，并查找临界值作出判定。

（3）在 Eviews6.0 中，分别对上述三种形式估计后，得到 S_1 = 11.8763，S_2 = 13.1977，S_3 = 132.5807。

又知 $N = 3$，$k = 1$，$T = 10$，计算可得 F_2 = 60.99，F_1 = 1.34。

查 F 分布表，在给定 5% 的显著性水平下，得到相应的临界值为

$F_{2\alpha}(4, 24) = 4.89$，$F_{1\alpha}(2, 24) = 6.66$

由于 $F_2 > 4.89$ 且 $F_1 < 6.66$，即对模型进行模型形式设定检验时拒绝 H_2，且接受 H_1，因此，模型应采用变截距形式。

（4）用 Hausman 检验方法确定模型中的个体影响形式，是随机效应还是固定效应。首先建立随机效应模型，其次进行 Hausman 检验，根据输出结果，Hausman 检验统计量（W）是 0.01，p 值是 0.92，说明对于个体影

响与解释变量不相关的原假设，检验结果不能显著拒绝，因此应该将模型确定为随机效应模型，即应建立随机效应变截距模型。

4. 无条件的 F – H 模型检验

经过对数据进行上述预处理及模型形式的确定后，使用原始名义地区 GDP 数据得到京津冀区域无条件的 F – H 模型的最终形式为：

$$(L/Y)_i = 3.96 + 0.47 \ (D/Y)_i + \alpha_i^* + \mu_i$$
$$\quad\quad\quad (2.73) \quad (8.79)$$

式中括号内的数字为相应的 t 统计量的值，均显著，那么京津冀地区无条件的储蓄与投资的相关关系系数 β 的取值为 0.47。

下面将通过有条件的储蓄—投资相关性检验，逐步剔除地方政府的影响因素及金融业发展所处的宏观环境因素，做进一步分析。

5. 有条件的 F – H 模型检验

（1）剔除地方政府的影响因素。对地区财政支出与名义 GDP 相除，得到 F_{it}，作为衡量地方政府影响因素的指标。根据方程（9 – 3）和（9 – 4），得到：

$$D_{it}^* = -715141.0 + 7007539 F_{it} + e_{it}^{D1}$$
$$\quad\quad (-4.43) \quad\quad (8.41)$$

$$L_{it}^* = -428582.7 + 375991.6 F_{it} + e_{it}^{L1}$$
$$\quad\quad (-6.25) \quad\quad (11.16)$$

各系数均显著，得到残差序列 e_{it}^{D1} 和 e_{it}^{L1}，经检验两者都是 $I(1)$ 的，将其作为新的储蓄—投资序列进行回归得到：

$$e_{it}^{L1} = 0.43 e_{it}^{D1} + \varepsilon$$
$$\quad\quad (16.95)$$

模型系数显著，即只剔除地方政府的影响因素后有条件的储蓄—投资相关系数 β' 为 0.43，与上述无条件的储蓄—投资相关系数 0.47 相比有所下降，说明区域金融协同发展程度提高，同时也说明地方政府的影响对京津冀区域金融业发展的协同程度的影响显著。

（2）进一步剔除金融业发展环境影响因素。对地区名义 GDP 进行 HP

滤波平滑参数为 100，得到 y_{it}，作为衡量金融业发展环境影响因素的指标。

根据方程（9-6）和（9-7），剔除金融业发展环境及地方政府的影响，得到：

$$D_{it}^{**} = -760086.37 + 9.84 y_{it} + 6482225.26 F_{it} + e_{it}^{D2}$$
$$(-8.75) \quad (3.39) \quad (10.89)$$

$$L_{it}^{**} = -37677.91 + 5.49 y_{it} + 3407937.62 F_{it} + e_{it}^{L2}$$
$$(-9.59) \quad (4.15) \quad (12.56)$$

各系数均显著，得到残差序列 e_{it}^{D2}，e_{it}^{L2}，经检验两者都是 $I(1)$ 的，再将其作为新的储蓄—投资序列进行回归得到：

$$e_{it}^{L2} = 0.36 e_{it}^{D2} + \varepsilon$$
$$(16.60)$$

系数显著，剔除金融业发展环境和地方政府两个影响因素后的有条件的储蓄—投资相关系数 β'' 为 0.36，与 β' 相比进一步下降，区域金融协同发展程度进一步提高，表明金融业发展环境同样显著影响区域金融协同发展程度。

6. 实证结论

根据 F-H 模型的检验原理分析，如果研究区域的储蓄与投资的相关系数的取值越接近 1，认为该研究区域金融业发展的协同发展程度很低；反之，如果储蓄与投资的相关关系系数的取值越接近 0，认为该研究区域金融业发展的协同发展程度很高。通过上述应用 F-H 模型对京津冀区域金融协同发展程度的实证分析，可以得出以下结论。

（1）根据区域原始数据的检验结果，得出京津冀区域无条件的 F-H 相关关系系数值为 0.47，介于储蓄与投资相关关系系数取值的中位，说明京津冀区域金融业发展的协同程度并不高。

（2）通过对原始数据做剔除地方政府影响因素的处理之后，得到有条件的 F-H 相关关系系数值的检验结果为 0.43，与应用原始数据得到的 0.47 相比，取值有所下降，说明京津冀区域的金融协同发展程度有所提高，这表明地方政府的影响是制约京津冀区域金融协同发展的一个因素。

三、小结

实证结果表明京津冀金融协同发展状况不高，或者说金融生态环境还有待进一步优化，各地为本地经济发展争夺金融资源，以及缺乏金融协同发展的统一行政协调和政策引导是影响京津冀金融协同发展和金融生态环境优化的重要因素。从金融驱动京津冀经济协同发展的角度看进一步优化金融环境促进区域金融协同发展，从而驱动区域经济协同发展，实现《京津冀国民经济和社会发展规划》的目标很重要。

第十章　制约京津冀金融协同发展的因素分析

当前京津冀区域金融合作正在逐步推进，但是，在加快京津冀金融协同发展的过程中，也面临一些困难，存在一些问题。根据上一部分对京津冀区域金融协同发展程度的实证分析结论，本部分从地方政府的影响因素以及金融业发展环境的影响因素两大方面展开进行具体分析，为研究优化京津冀金融协同发展的建议做铺垫。地方政府间行政壁垒的存在，并且由于按行政区域设置金融机构、分配金融资源的惯例，市场分割的现象普遍存在。因传统经济体制、观念等因素的影响，经济联系与合作不够紧密，都市之间的产业趋同、重复建设问题、经济结构不合理问题比较突出。

接下来深入分析地方政府及金融业发展环境的制约因素，并对地方政府的影响因素从行政壁垒以及缺乏高层次的金融组织机构领导两方面阐述；对金融业发展环境因素从金融市场、金融基础设施建设及金融生态三个方面进行细分。

一、地方政府的影响因素

1. 地方政府行政壁垒制约协同合力的形成

（1）地方政府行政壁垒阻隔，金融资源分割。行政区域划分是十分必要的，方便政府进行行政管理，有助于地区稳定，但这种划分同时也会造成行政壁垒，由此形成的垂直领导的金融监管体系也直接造成了金融资源的分割，给金融资源的整合与跨区域流动造成障碍，不利于地区间要素资源的流动。从博弈论角度分析，行政划分引起的行政壁垒使各地方政府信息不对称，过度专注于地方利益而忽视整体利益。博弈过程中，不管对方合作与否，自身的占优策略选择都是不合作。各地政府会牢牢控制金融市场，将金融资源局限在本地，不能辐射周边。由此形成的金融机构间的信息与人才等壁垒，引起金融资源流动的高成本，最终导致金融效率低下，资源无法实现区域内的最优配置，金融市场发展受阻，区域整体利益受损[①]。

（2）行政壁垒还造成金融监管分割，区域金融竞争大于合作。区域地方政府间缺乏协调一致的金融政策和金融行动，致使当下的监管政策也受到地方行政壁垒约束。这种管理体制的局限，一方面使各地金融结构趋同，重复建设问题突出，金融竞争大于金融合作；另一方面不同省市级别间的资金分配划拨存在限制，阻碍了资本在各区域内的流动，致使京津冀区域金融资源分布十分不均衡。资金配置与使用的低效率，制约区域金融协同发展合力的形成。同时管制壁垒也不同程度地存在于资本市场、货币市场、外汇市场、保险市场、期货市场等金融平台。

2. 缺乏权威的组织机构统筹协同

受行政分割的影响，京津冀两市一省区域内部金融业发展差距过大，分化趋势严重。三地各自为政，许多工作不能落实，这是京津冀一体化战略提出多年却收效甚微的重要原因。就金融业发展而言，现阶段区域内金融分割，金融合作效率低下，缺乏高层面的权威的金融组织机构统筹三地协同发展工作。目前区域内部更多的体现是金融竞争，存在重复性建设，特别是多中心倾向问题。京津冀区域内各城市在金融功能定位上缺乏沟通协调，均想占据金融资源，以北京和天津的竞争最为激烈，两市都曾出台过关于区域金融中心的发展规划。但这种盲目的竞争反而会造成金融资源的浪费，影响金融业发展的协同程度。由于区域的分割管理限制，京津冀地区间合作渠道不够畅通。虽然近年来有所改变，但是距离真正的协同发

[①] 齐子翔：《京津冀协同发展机制设计》，社会科学文献出版社，2015年版。

展还有相当长的路要走。高级别的区域金融组织机构的创建,可以协调三地的金融政策与金融行动,协调金融监管,维护金融体系的稳定,促进金融中介服务的效率的提高,使整个区域获得高质量和实质性的增长。

二、金融业发展环境因素

1. 区域金融市场分割,金融协同发展进程滞后

(1) 京津冀区域金融市场分割,发展极不平衡。金融市场是资金需求者和资金供应者进行资金融通借贷的地方。京津冀区域金融市场分割,发展差距较大,经济与金融发展的协同程度滞后。就首都而言,北京拥有充足的资金保障,还能凭借出色的区位经济优势吸引各类要素资源集聚,并且对周边城市资源产生云集效应,加剧了区域不平衡。三地金融深化程度不一,在金融总量及金融对经济的渗透、支持能力方面存在明显差异,导致金融发展的梯度差距较大。京津冀区域内,北京地区最发达,天津次之,河北地区落后。这种区域间相互联系极不紧密,发展差距愈演愈烈的趋势持续下去的话,将加剧地区利益争端,不利于统一的金融市场的建设,不利于货币金融的管理和金融稳定。

(2) 区域资金回报率和成本差异显著,资金供给分布不平衡。金融行业属于典型的能"锦上添花"、同甘,却不能"雪中送炭"、共苦的行业,也正是这种趋利避害的本能使金融机构的资金不断流动,但这种流动并不一定符合市场需求。京津冀三地的发展差距巨大,金融市场的完善程度差别更大,在金融协同机制未能建立以前,由于资金回报率、资金成本以及资金供给等方面的不均衡,使京津冀区域内的资金没有得到合理的使用。总的来说,北京和天津的资金供给比较充足,河北地区的资金供给则明显不足。但是由于河北省需要融资的企业不能够提供与之风险对等的资金回报以及较高的合约成本,使京津冀区域内的资金存贷矛盾尤为突出。另外,京津冀三地金融资源分配不均,体制机制存在明显差距。如北京的城市定位中虽没有列入经济中心,但却吸引着金融资源和金融机构总部在这

里高度集聚。

2. 现有银行体系的限制，信用体系不对称

金融资本的快速流动、金融资金对经济发展的支持功能被目前地区分治的银行业管理模式严重阻碍和削弱。国内银行进行跨区域资金流动和跨区域同业发展还存在不少困难。即使北京地区各银行能够通过联合征信系统了解到关于本地企业与个人的资信情况，但是对外地客户的了解渠道就闭塞了。而京津冀区域的信贷情况又严重依赖着银行体系，新型的互联网借贷尚不成熟，金融的中介服务相对落后，贷款效率不高。

3. 人才流动性差

金融生态环境建设是一项系统工程，包含影响金融业发展的方方面面，其中金融人才建设是核心。金融业是知识密集型产业，高智能、高科技、高自动化是金融业的特点。金融业的改革与创新是引领经济发展的驱动力。尤其是在经济金融全球化发展的时代，金融业向知识化与国际化方向发展，必然对专业的金融高端人才产生巨大的需求。而从前文对京津冀区域金融业发展现状的分析可以看出，金融业人才是短缺的，急待培养的。总的说来，京津冀地区现有的金融安排协调不足，无助于区域经济增长。

综合以上几个方面，可以认为，随着京津冀协同发展战略的不断深入，整个经济体系的效率要想有大的提升，金融业就要走向协同发展，下文对优化京津冀金融协同发展的建议进行阐述。

第十一章 建 议

一、引导京津冀三地错位发展，优势互补，增强协同性

抓住京津冀协同发展战略机遇，按照强化北京金融管理、天津金融创新运营、河北后台服务功能要求，优化京津冀金融产业链布局，推动金融市场和基础设施一体化，加强内外资源整合和业务协同，探索推进金融管理机制一体化，有序推进京津冀金融业协同和一体化进程。京津冀三地应立足各自比较优势，立足现代产业分工要求，立足区域优势、互补原则，调整优化区域金融空间布局，形成各自发展特色，实现错位协同发展。

1. 北京应强化金融管理功能，遵循世界级城市群核心城市发展规律，建设具有国际影响力的金融城市

北京作为全国金融管理中枢地区，在市场机制作用下聚集了大量金融机构，金融业早已是首都经济的重要支柱产业。按照世界级城市群形成发展规律，随着核心城市的逐渐成长和壮大，金融资源倾向于从城市群内其他城市流向中心城市，进而催生了综合性的国际金融中心。并且排名居前的全球金融中心，几乎都依托于世界级城市群而存在。因此，按照京津冀战略规划，要打造以首都为核心的世界级城市群，会产生具有国际影响力的金融中心城市。北京既要落实"四个中心"定位，强化全国金融管理功能，又要遵循市场规律，做强国家金融中心，进而顺利成为全球金融中心，适应大国首都和强国首都的发展要求。

2. 加快天津金融创新运营示范区建设

天津已逐步建立起全牌照、多层次、开放型的金融机构体系。下一步，应加大金融创新力度，推进新型金融业态和业务先行先试。充分利用天津港口优势，与北京合作研发海洋金融、跨境人民币借款、离岸金融等创新产品和服务。加强互联网金融产品创新，建设互联网金融、大数据创新实验室，创新开展网络银行业务，通过与网络电商平台合作，双方系统对接，引入网络信用，实现客户资源共享、信息实时交换、共同控制风险的目的，为网络平台上的交易客户提供全流程网上操作的创新金融服务模式。天津滨海国家自主创新示范区和天津银行列入全国首批"投贷联动"试点，应积极开展创新试点，尽快形成可复制经验在全域推广。

3. 强化河北金融后台服务功能

建立京津与河北金融合作互利共赢机制，引导京津金融机构将数据中心、呼叫中心等密集型劳动服务功能落地河北，推动京津金融机构有序疏解和在河北发展布局，强化金融后台服务功能。注重提升河北综合发展环境，加强金融配套、法律体系、基础设施等诸多方面建设，规范金融市场主体行为，积极推进社会信用体系建设，增强金融文化建设，发挥毗邻优势，借助辐射相应，加快改善金融生态环境，逐步聚集更多产业金融资源，形成产业集群。积极争取参与京津重大金融项目合作，争取政策倾斜和制度支持，借助协同发展战略契机不断深化金融市场，推进金融业发展。

二、营造良好金融生态环境

金融生态环境的好坏，决定着该区域对金融要素、生产要素的吸引力，是一个地区金融业持续、健康发展的重要基础。

一是创造良好的投资环境和政策环境。这是激发社会资本热情的关键。前些年，由于河北省行政效率和市场化程度等因素，高度活跃的民营资本往往不愿选择河北省进行投资。厘清政府与市场的关系，加强政府和市场的分工协作，为企业参与京津冀建设提供多元化的金融支持和服务，真正建立共建、共享的利益共同体。深入推进"放管服"改革，北京、天津尤其是河北，应全面开展"权力瘦身""审批提速""减证便民"等行政改革，加快建设便民便企的政务环境。

二是建设京津冀区域征信服务大平台。探索将三地的金融、工商、海关、通信、税务、社保等系统的征信记录整合，为企业及金融机构提供全方位的数据信息，更好地为京津冀协同发展服务。平台搭建过程中，学习借鉴珠三角地区做法，积极开展非银行信息采集工作，将企业环保、社会保障、产品质检、住房公积金工资拖欠等信息纳入征信体系。学习长三角两省一市政府和人民银行建立的"信用长三角"工作机制，在金融数据共享、反洗钱、金融监管、金融风险防范方面开展区域间合作。同时，引导地区间社会信用管理与评级机构开展合作，推动京津冀信用评级市场一体化，鼓励区域内信用评级机构开展多形式的业务交流合作，扩大评级结果的互认和共享范围。只有把金融信息共享、信用互认等推进合作的基础工作做好，才能促进三地金融业持续健康发展。

三是加快信息化等金融基础设施一体化建设。促进金融机构加快自身基础设施更新和信息化建设，加大金融科技投入力度，做好各种软硬件设施设备升级扩容和信息安全工作，推动京津冀地区各分支机构之间信息一体化，支撑企事业单位跨区域搬迁转移和开展业务的金融服务需求。在金融机构自身信息一体化基础上，搭建京津冀地区金融服务公共信息平台，实现公共信息共建共享，并接受统一监管。建设与扩大金融IC卡应用范围，整合金融IC卡与各行银行卡、三地公交卡、ETC等公共服务领域消费卡，推动便捷结算与消费。建设京津冀金融大数据分析中心，发挥京津地区互联网企业和大数据公司优势，在第三方支付、众筹融资、电商融资、智能银行、O2O等方面，打造区域性的金融创新试验田。

四是优化区域金融安全运行保障环境。三地金融管理部门建立跨区域金融风险防范机制，加强金融风险信息沟通，对非法集资和非法从事金融业务的活动实施联合治理。三地金融机构应建立风险协调处理机制，加强区域内发生风险的管理和协调处理能力，加强突发公共事件应急管理合作，防范信息不对称可能导致的信贷风险。关注京津冀产业转移、结构调整、城市功能疏解过程中存在的风险，切实落实"绿色信贷"政策，严格贷款全流程管理，加强信贷风险防范。建立反洗钱行政调查信息会商机制，互通资金流动上下游动态信息，充实调查甄别数据，增强调查时效。建立外汇监管协作机制，加强外汇分支局合作，加强京津冀外商投资企业的联合监管。建立金融维权、金融信息安全通报机制，防范金融风险。

第三篇 资本驱动京津冀协同发展研究
——基于全产业链理论的北京上市公司研究

导言

研究金融驱动京津冀协同发展问题，必须考虑金融服务的重点产业，以及在京津冀协同发展和首都能疏解的大背景下京津冀产业布局问题。分析京津冀三地经济产业发展现状，以上市公司为抓手可以充分实现资本驱动产业合理布局和快速优化发展。从全产业链的视角，立足京津冀、立足全国打造以上市公司为龙头的若干条在全国、全球范围内有竞争力的全产业链，产业链的高端关键环节在北京，其他部分可以在京津冀乃至全国范围布局，将是实现京津冀经济社会发展规划纲要的最优产业选择。又考虑到京津冀三地上市公司数量和体量分布特征，课题组特别设立子课题《北京地区上市公司发展问题研究》，作为金融驱动京津冀产业布局的重要支撑研究。

本部分以北京地区上市公司和拟上市公司为研究对象，全面梳理其发展现状与问题，从全产业链的视角，试图解决上市公司疏解提升的困惑，并在市域范围和京津冀范围内作出要素配置的合理安排，从一个新的视角，按照减量发展的要求构建"高精尖"经济结构,发挥北京"一核"作用,带动形成具有全球影响力的世界级城市群,提出北京如何落实京津冀协同发展战略,落实新版的北京城市总体规划(2016—2035年),调整优化城乡用地结构和空间布局,提高可持续发展能力,实现金融更好服务实体经济、打造经济发展新高地的战略意图。

本报告由一个主报告+三个分报告构成,四个报告为:《全产业链理论及基于全产业链视角的上市公司的作用》《国内支持上市公司发政策措施比较及经验借鉴》《两个典型上市公司产业园分析》《北京上市(上市储备)公司发展现状、特点及竞争力分析》(见本书附录)。

需要特别说明的是:在深入研究北京地区上市公司中发现,证监会关于上市公司89个行业分类方法划分已经不能完全适应对上市公司的研究分析,一方面由于有些上市公司从研发、生产到应用进行全产业链布局。有些上市公司跨界并购、多领域布局,如有些制造业、采矿业的上市公司已经转型为服务型企业,这些特点在央企、总部型企业体现得更为充分。另一方面更大程度上是由于北京地区绝大多数上市公司都步入新兴产业,如互联网教育、互联网金融等上市公司,有的被划为教育行业、金融行业,更多的被划入软件信息服务业。如人工智能、集成电路等上市公司,有的被划入制造业,有的被统称为软件服务。这种行业划分十分不利于实事求是地分析上市公司。鉴于这种情况,本课题组既采用了证监会的大类分类标准进行分析,又根据企业主营构成、战略板块和相关研究报,逐一对企业所属的子行业和板块进行重新梳理划分,力求更加准确地把握上市公司产业结构,也更加有利于精准地进行产业引导和支持。

第十二章　全产业链的内涵及作用

一、全产业链的内涵

全产业链的概念产生于20世纪80年代，全产业链是由供需链、企业链、空间链和价值链四个维度有机组合而形成的链条。其融合了产业活动分工、产业活动组织模式以及空间上的产业构成这三个基本维度，集纵向一体化和横向多元化双重特性于一体，产生"协同作用"。

全产业链的协同作用包括三个层次：其一，产业链内部上下游之间的纵向协同。其二，产业链之间的横向协同。其三，不同产业链中不同环节之间的环向协同三种协同效应。

纵向协同效应主要来自纵向一体化，通过集成上下游企业，企业可以更好地掌握上游原材料的供应，这一点在关键性资源稀缺的产业尤为重要。横向协同效应主要来自相关的多元化，企业不同业务通过共享有形或无形资源，生产多种产品和服务，从而降低总的联合生产成本。也可以通过技术关系多样化，针对不同市场，开发异质产品。环向协同效应是指经济活动中的各产业，依据前、后向的关联关系组成了产业链，而各产业链通过复杂的技术经济联系形成一个"环"。此外，"全产业链"还能产生如文化协同、服务协同、品牌协同、渠道协同、信息协同、物流协同、风险管理协同、财务资源协同、规模协同等效果，这些协同运作使众多的"全产业链"构成部门能协调运作，成为一个整体，使系统整体功能大于各组成系统的功能的机械相加，从而增强产业的整体竞争力和创新力。

二、上市公司全产业链发展的内涵

上市公司全产业链发展的概念此前并无这方面研究，本课题组基于全产业链理论定义其基本内涵是：依据本地区经济特色与要素禀赋，集中优势资金流、技术流、人才流，以上市公司为龙头，以多层次资本市场为平台，以上市公司产业群为链条，以打造产业整体竞争力为目标，构建全球化、信息化时代现代产业发展的组合竞争力和内生竞争力，形成产业发展的新方式和新体系，形成最具竞争力的发展模式。

三、全产业链视角下上市公司的作用

基于全产业理论，及对上市公司的考察，课题组发现在全产业链视角下，上市公司在资本市场中的地位，决定了其不同于一般公司，上市公司不仅仅是一般意义上的公司，更多地体现为一个资源整合平台，因此，其在全产业链中的作用体现为：

1. 上市公司在产业集群中起龙头作用

上市公司是产业发展的关键环节，在产业集群中起龙头作用。上市公司通过资本市场完成企业发展的资本积累，实现资源的有效配置，提升内生发展动力和自主创新能力，成为区域经济生态的主体，成为引领产业发展的关键环节。打造一个上市公司航母集群，就能带动一个产业链的发展，从而形成区域经济的支柱。如苹果公司，孵化带动形成了全球性的产业链，阿里巴巴带动形成了产业集群。因此，培育和打造上市公司是建设产业链体系的关键环节。

2. 上市公司是资源整合的平台

从全产业链视角看，上市公司不仅仅是现代意义上的公司，同时还体现为资源整合平台，是整个产业链的核心部位和关键环节。上市公司因其特殊的公众公司性质和在资本市场中的地位，更容易集聚高端人才流、资金流和技术流，孵化带动上下游产业发展，通过并购重组等资本运作形成聚合效应，从而使上市公司发挥发挥资源整合的平台作用，成为产业链的核心部位和关键环节。因此，从产业布局的角度关注上市的龙头作用和资源整合作用，打造全产业链布局，具有其合理性。

3. 上市公司依托产业园承载并强化其聚集、创新和协同作用

上市公司产业园是打造上市公司产业链体系的重要平台，可以强化上市公司的聚集和协同发展作用，尤其是强化横向多元化协同作用。对高科技产业这种现象尤其明显，如硅谷、中关村产业园、深圳南山区高科技产业园等，这些产业园通过积聚孵化更多的上市公司形成产业链，进而推动实现区域范围内各产业之间的协调发展，并形成正反馈效应，使区域经济竞争力、辐射力极大提高。

第十三章　北京上市（储备）公司发展的现状及特点

一、北京上市公司市场覆盖面广、域内空间分布集中、规模大、数量多、总部化、蓝筹化、高端化特征明显

其一，北京上市公司分布覆盖了全球主要市场，并且融资规模大，融资规模一直处于国内领先地位。数量上看，截至2016年年底，北京地区A股上市公司299家，占全国上市公司的10%，美股上市公司56家，占美股中国上市公司总数的27.5%，香港H股上市公司57家，占香港H股大陆上市公司总数的10%；从体量上看，北京地区A股上市公司市值占全国上市公司总市值的25%，北京地区美股上市公司市值占全国美股上市公司市值的24.8%，北京地区香港H股上市公司市值占全国香港H股上市公司市值的7%。

其二，北京上市公司注册地主要分布在主城区海淀、朝阳、东城和西城区，空间分布集中。根据BBD大数据统计分析，截至2017年4月，注册地在北京市的境内外上市公司371家，而实际在北京地区办公经营的上市公司则更多。从上市公司实际办公地点的分布看，这些公司主要分布在海淀、朝阳、西城和东城区，分别占北京地区上市公司总数的31.6%、23.8%、14.4%和9.6%。在城六区（中心城区）注册及办公运营的上市公司占85%，上市公司大多都拥挤在城市中心区。

其三，央企众多、总部化、蓝筹化、高端化特征明显，集中了国民经济支柱产业和战略新兴产业的龙头企业。从市值上看，截至2017年8月

17日，有六个行业的市值超过了万亿，分别是货币金融服务、石油和天然气开采业、土木工程建筑业、燃气生产和供应业、互联网和相关服务、保险业，其中，货币金融服务的总市值最大，为4.88万亿，占北京上市公司总市值的22.20%，石油和天然气开采紧随其后，占比为17.81%。这种规模化、蓝筹化、总部化集聚的特征是北京地区上市公司最突出的特点，可以说是一种"极化"特征，在全球范围内这种高端蓝筹上市公司集聚在一个地区的情况也不多见，奠定了北京利用上市公司实现全国、全球布局"辐射"的基础。

二、北京地区上市公司行业分布广、集中度高、行业集聚优势明显

从数量分布看（BBD提供），北京上市公司覆盖了89个行业中的59个行业，但主要集中于10个行业，特别是软件和信息技术服务业以及计算机、通信和其他电子设备制造业两大行业集中度更高。

其一，北京上市公司集中于软件和信息技术服务业以及计算机、通信和其他电子设备制造业两大行业，且集聚了国内乃至全球最具优势的人工智能软硬件研发企业。截至2017年4月底，北京地区上市公司共涉及证监会发布的《上市公司行业分类指引》（2012年修订）细分89个行业门类中的59个细分行业领域，行业覆盖率达66%，但集中分布于10大行业，占比达56.25%，其中软件和信息技术服务业以及计算机、通信和其他电子设备制造业上市数量最多，分别为63家和41家，两者合计占北京上市公司总数的21.31%。尤为明显的特征是上述行业中聚集了国内甚至全球最具竞争优势的人工智能软硬件研发企业，按东方财富截至2017年10月25日的统计数据，A股同类上市公司63家，北京有12家，大部分为行业内龙头类企业，如百度、汉王科技、四维图新、中科曙光、清华同方、兆易创新等，并且这些上市公司正发挥其孵化（如寒武纪等）、引领、集聚的平台作用，吸引了最具优势的人才流、技术流，构造了良好的产业生

态，初步形成了软硬件研发等关键环节在北京，生产等其他环节在北京域内及国内的全产业链体系。

其二，从北京地区上市公司占国内同行业上市公司数量比率来看，北京的上市公司行业优势体现在教育、废弃资源综合利用（环保）、保险业、石油和天然气开采、货币金融服务、研究和试验发展等几个行业。从全国行业数量占比看，餐饮教育类北京上市公司分别有6家和10家，占全国行业内上市数量的比重高达85.71%和83.33%，具有明显的行业引领优势。废弃资源综合利用类，全国5家上市企业中有3家落户北京地区，占全国同行业总数的60%。此外，保险业、石油和天然气开采业、货币金融服务、研究和试验发展分别有5家、5家、17家和3家聚集北京地区，占全国行业上市公司总数的50%以上，行业龙头集聚优势明显，在国内具有构造全产业链的良好基础。同时，教育、保险、货币金融、研究试验发展类的龙头集聚优势，对首都功能定位构成强有力的支撑，有待进一步扶持提升。

三、北京地区上市公司行业竞争力突出，且优势行业集中

以营业收入、利润、市值等衡量公司竞争力的指标构造模型（BBD公司按89个行业分类提供），综合评价北京上市公司在国内的竞争情况，发现北京上市公司竞争力优势行业集中在金融业、采矿业和信息传输、软件和信息服务业。

首先，以营业收入和利润作为行业竞争力的衡量指标，可以看出北京上市公司蓝筹化特征明显，最具竞争优势的行业集中于五大行业，分别为石油和天然气开采业、货币金融服务、土木工程建筑业、燃气生产和供应业、保险业。截至2016年12月，石油和天然气开采业的营业收入为89250.97亿元，营业收入全国占比为18.86%；其次是货币金融服务业，营业收入为61387.68亿元，营业收入全国占比为12.97%；此外营业收入在万亿人民币以上的行业还有土木工程建筑业、燃气生产和供应业以及保

险业，营业收入分别为 37011.10 亿元、17044.61 亿元和 15172.33 亿元，均具有较强的行业竞争力。

其次，从市值上看，截至 2016 年 12 月，有六个行业的市值超过了万亿，分别是货币金融服务、石油和天然气开采业、土木工程建筑业、燃气生产和供应、互联网和相关服务、保险业。其中货币金融服务的总市值最大，共 17 家上市银行，总市值为 4.88 万亿，石油和天然气开采紧随其后，占比为 17.81%，是北京最具规模优势的行业。

综合来看，金融业、采矿业、信息传输、软件和信息技术服务（人工智能）是北京最具竞争优势的几大类行业。

1. 金融业是北京最具竞争优势的产业

北京金融类上市公司共 37 家，除 17 家银行外，其他金融服务类 20 家，分别为：资本市场服务类 14 家、保险业服务类 5 家和其他类 1 家。金融业无论总市值还是数量都具有绝对优势，具备全国领先乃至全球领先的发展基础，在金融创新不断发展，在疏解提升的大背景下，进一步基于现有优势，构筑良好生态，实现全球领先优势很有必要。

2. 北京上市公司占据采矿业全产业链的高端环节

北京是采矿业公司总部和研发机构的集聚地，并且以大型企业集团为主，许多集团公司内部构造了全产业链，特别是上中下游都覆盖的上市公司的占比很大，以总部和研发为主要特征。采矿业主要包括石油和天然气开采业、煤炭开采和洗选业、金属冶炼和压延加工业、开采辅助业这几个行业。而石油和天然气开采业，因为北京拥有中国石油和中国石化两家巨头，所以总市值达到 3.91 万亿元，占全国此类上市公司总市值的 98%。而煤炭开采和洗选业，总市值 0.39 万亿元，占全国的 47%，属于高端关键环节在北京的优势行业，可以立足这类行业抓住行业的高端关键环节，进行一定范围内全产业链布局。

3. 信息传输、软件和信息技术服务业

这个行业主要包括电信、广播电视和卫星传输服务，互联网和相关服务，软件和信息技术服务。其中北京市在软件与信息技术服务行业的上市公司数量最多，为63家，其中有相当大的比重涉及人工智能软件开发和利用，这类公司多为小型高科技类公司，总市值相对并不大，但是依托于北京数量庞大的大专院校、科研院所以及良好的金融生态，能迅速集聚人才流、技术流和资金流，发展潜力巨大。同时这类公司属技术密集、资本密集类公司，空间资源、劳动力资源占用少，契合首都产业选择。而电信、广播电视和卫星传输服金融服务与互联网和相关服务这两个行业都位于北京上市公司行业利润排行前十位，所以，信息传输、软件和信息服务业这一行业也是北京的优势行业之一。

四、软件和信息技术服务业等高科技行业是北京最具发展潜力的行业

截至2017年4月，北京488家上市公司，按照利润同比增长率及营业收入同比增长率降序排列（BBD公司提供），前100的公司中，软件和信息技术服务业有10家，其中大部分涉及人工智能软件开发业务。计算机、通信和其他电子设备制造业有9家，其中大部分涉及人工智能硬件研发制造。专用设备制造业有6家。可见北京上市公司中软件和信息技术服务业，专用设备制造业，计算机、通信和其他电子设备制造业等几个行业最具增长潜力。（见表13-1、表13-2）

表13-1　　按照利润同比增长率降序排列前100的
　　　　　　北京上市公司行业分布（前5）

行业名称	企业数量（家）
软件和信息技术服务业	10
计算机、通信和其他电子设备制造业	9
专用设备制造业	6
房地产业	5
非金属矿物制造业	4

表 13 – 2　按照营业收入同比增长率降序排列前 100 的
北京上市公司行业分布（前 5）

行业名称	企业数量（家）
软件和信息技术服务业	21
计算机、通信和其他电子设备制造业	11
房地产业	6
互联网和相关服务业	4
生态保护和环境治理	3

把北京上市公司按照营业收入的同比增长率降序排列，前100的公司中，软件和信息技术服务业有21家公司，计算机、通信和其他电子设备制造业有11家公司，房地产业6家公司。

五、北京上市公司中龙头公司集聚

从产业发展角度，根据（BBD公司按89个行业分类提供数据），北京上市公司最具竞争优势的行业分别为：土木工程建筑业、货币金融服务、计算机、通信和其他电子设备制造业、软件和信息技术服务业、医药制造等，并且在这些行业中集聚了全国乃至全球的龙头企业。如中国建筑、工商银行、中国人寿、同方股份、中科曙光、汉王科技、百度、阿里巴巴（北方总部）、四维图新、同仁堂等，许多上述行业上市公司龙头即使注册地不在北京，但实际运营或总部也在北京，这些在全国乃至全球相关行业处于龙头地位的上市公司在北京集聚，成为北京以上市公司为龙头构筑全产业链生态体系的基础。

综合分析北京上市公司（境内上市公司、港股上市公司、美股上市公司）所涉52个的行业，选出其在全国范围内最具竞争力的20个行业，从这20个行业中选10个符合北京定位的行业，这10个行业分别是：土木工程建筑业、货币金融服务、计算机、通信和其他电子设备制造业、软件和信息技术服务业、商务服务业、医药制造业、专用设备制造业、广播、电视、电影和影视录音制作业、汽车制造业、生态保护和环境治理业。这10个行业中北京地区公司数为158家,全国共1057家,占比14.95%。综合衡量创新力、竞争力、增长性、质量效应、综合实力五个方面,从上述10个行业中选出全国排名居前的公司,发现北京上市公司中集聚了一批产业链的龙头企业(见表13-3)。

表13-3　　　　　十行业中所选代表性公司

序号	行业名称	代表性公司名称
1	土木工程建筑业	中国化学
2	货币金融服务	工商银行
3	计算机、通信和其他电子设备制造业	同方股份
4	软件和信息技术服务业	百度
5	商务服务业	中青旅、中国国旅
6	医药制造业	同仁堂、华润双鹤
7	专用设备制造业	万东医疗
8	广播、电视、电影和影视录音制作业	中国电影
9	汽车制造业	福田汽车
10	生态保护和环境治理业	高能环境

对以上所选10家公司的分析主要包括创新力、竞争力、增长性、质量效应、综合实力五个方面的全国排名,具体见表13-4。

表13-4　　　　十行业中所选代表性公司各方面排名情况

行业名称	代表性公司名称	创新力全国排名	竞争力全国排名	增长性全国排名	质量效应全国排名	综合实力全国排名
土木工程建筑业	中国化学	4	20	20	20	20
货币金融服务	工商银行	14	14	14	4	14
计算机、通信和其他电子设备制造业	同方股份	3	3	3	3	3
软件和信息技术服务业	百度	1	1	1	1	1
商务服务业	中青旅	3	3	3	3	3
医药制造业	华润双鹤	1	1	1	1	1

续表

行业名称	代表性公司名称	创新力全国排名	竞争力全国排名	增长性全国排名	质量效应全国排名	综合实力全国排名
专用设备制造业	万东医疗	1	1	1	1	1
广播、电视、电影和影视录音制作业	中国电影	7	1	17	6	3
汽车制造业	福田汽车	5	5	5	5	5
生态保护和环境治理业	高能环境	5	5	5	5	5

从表13-4可以看出，北京上市公司行业竞争力在国内排名较强的是：货币金融服务，计算机、通信和其他电子设备制造业，软件和信息技术服务业，专用设备制造业，医药制造等，而这些行业内的北京的上市公司从竞争力看在全国都处于龙头地位。可以以这些上市公司为抓手，构造产业链龙头及研发等关键环节在北京，其他环节在市域及京津冀范围内的全产业链布局。如根据首都功能定位、上市及拟上市资源优势，并综合本报告前面的实证分析结果，以上述上市公司为龙头，构造生物健康医药、软件和信息技术服务业（人工智能）、金融服务业全产业链。

六、潜在上市公司资源丰富，行业集中度高，地域分布极不平衡

本研究中按主板、创业板、中小板上市条件，通过大数据筛选，截至2016年年底，北京地区满足条件的非上市公司共有630家，其中，拟上市准备的公司共有86家，有53家处于拟上市待审核股票的状态，24家企业处于IPO审核未通过阶段。截至2017年8月，北京上市储备公司共有348家，其中符合主板（中小板）上市条件的企业有202家，符合证监会创业板上市条件要求的有271家，潜在上市公司资源丰富，上市公司储备资源有待进一步挖掘。

北京上市储备资源行业集中度高。截至2016年年底，北京市86家拟

上市公司中行业分布较为集中，按证监会89个行业分类标准前12大行业共计76家，占比88.4%。其中科技推广和应用服务业数目占比最高，共40家拟上市企业，占总体比例的46.5%，远高于其他行业数目。348家储备公司行业分布集中于软件和信息技术服务业、互联网和相关服务业、计算机、通信和其他电子设备制造业。其中：（1）符合主板（中小板）上市条件的企业中软件和信息技术服务业共36家，占比17.8%，互联网和相关服务业共22家，占比10.9%，明显高于其他行业的上市储备数目。（2）符合创业板上市条件的储备企业中软件和信息技术服务业共75家，占比27.7%，互联网和相关服务业共36家，占比13.3%。（3）计算机、通信和其他电子设备制造业位列第三，分别拥有16家主板（中小板）储备企业及19家创业板储备企业。

北京潜在上市公司资源中在各区分布极不平衡。海淀区数量上占优势，截至2017年4月，符合主板（中小板）上市条件要求的企业在城六区共有155家，其中96家集中于海淀区，占比62%。符合创业板上市条件要求的企业在城六区共231家，其中147家集中于海淀区，远高于占比18%、位列第二的朝阳区，并且远郊区少见上市公司。政策引导和上市公司示范带动区域潜在上市公司集聚效应明显，调研中发现其他省市这种现象也比较明显，如深圳南山区产业园。

第十四章　北京上市公司发展中存在的问题

北京上市公司发展中主要存在平台效应和龙头效应未充分激发、上市公司相对排名下降、上市公司储备培育需加强、政策支持力度待提升等问题。

一、上市公司的平台效应和龙头效应未充分激发

从全产业链视角看，上市公司不仅仅是现代意义上的公司，同时还体现为资源整合平台，是整个产业链的核心部位或关键环节。其一，上市公司因其特殊的公众公司性质和在资本市场中的地位，更容易集聚高端人才流、物流、资金流和技术流，并通过并购重组、孵化带动上下游产业发展，形成聚合效应，实现资源的有效配置，提升区域经济内生发展动力和自主创新能力，成为区域经济生态的主导体，成为引领产业发展的关键环节，如杭州的阿里巴巴、北京的京东方等。从对北京上市公司行业竞争力分析可见，尽管北京上市公司群体中集聚了一批央企、行业龙头企业，但少见如京东方、阿里巴巴等围绕上市公司形成上下游全产业链生态体系，不仅没有围绕上市公司形成产业链集聚之势，上市公司本身的募投项目也因为各种原因投去了外地。因此，北京上市公司的平台效应、协同效应、龙头效应有待进一步激发。

二、上市公司各项指标相对排名下降

截至 2017 年 8 月，北京上市公司数量、规模、审核通过率、在全国排

名都出现了相对排名下降的情况。截至 2017 年 8 月底，北京地区共有上市公司 488 家，较 2015 年年底增加 46 家，增速达 10.4%。北京地区上市公司总市值为 21.9 万亿人民币，平均市值 456.36 亿元人民币。与 2015 年年底数据相比，二者分别下滑了 4% 和 13%，上市公司数量上涨的同时经济体量却有所下降。同时，审核通过率下降为 86%。

造成上述问题的原因，其一，多元化融资渠道对北京 IPO 企业形成了分流效应，部分企业选择审核周期相对较短的其他市场发行融资。其二，上市保荐机构的工作质量有待提高。有些拟上市企业对投行市场了解不够，在选择券商时唯大券商、唯名券商，而不是选择适合自己企业的券商，结果造成券商对小企业指导服务不到位。其三，部分公司对企业上市认识利弊有认识上的偏差。调研中发现，部分企业高管对企业上市的作用认识不足，认为仅仅是通过 IPO 募集一些资金，还需要接受严格的信息披露等监管。另外，整个上市过程时间长、费用高，一旦 IPO 失败，财务损失比较大。因此，部分中小企业尤其是一些高科技企业对推动企业上市积极性不高。

三、上市公司储备培育工作有待进一步加强

北京经济体量庞大，优质公司数量众多，为实现高精尖的产业布局，培植一批上市龙头企业是必要的。截至 2016 年年底，北京地区上市公司总量共 488 家，北京地区满足条件的非上市公司共有 630 家，其中，拟上市准备的公司有 86 家，有 53 家处于拟上市待审核状态，24 家企业 IPO 审核未通过。这一数量与北京庞大的经济体量及公司数量并不匹配，和其他省市横向比较也并不占绝对优势，并且近几年上市公司新增数量、上市公司体量排名横向比较都有下降趋势。截至 2017 年 8 月，北京上市储备公司共有 348 家，经过 BBD 数据筛选，北京地区潜在的上市公司中具备主板中小板上市资格的有 202 家，具备创业板上市资格的有 271 家。并且，近几年，北京上市公司储备数量、新增上市公司总量都呈现下降趋势，拟上市公司

储备不足。上市公司储备不足包括储备数量不足、质量不理想、企业上市积极性不足、相应的推动上市综合服务体系不完善等。

四、北京地区支持公司上市政策力度不足

主要体现在：(1) 上市组织层面工作有待加强。江浙、广东、深圳、珠海等地区金融服务注重推动上市组织层面设计。这些地区推动企业上市工作均在市级层面成立协调机构，由市里主要领导牵头，协调市级相关部门及上级监管机构、交易所等，并出台相应政策，形成市区两级联动工作机制，推动区域企业上市工作。从抓培育、抓存量、抓引资、抓引导服务入手，多方协同，为优秀企业开通绿色通道。而北京市级层面这方面的工作相对较弱。(2) 奖励政策。对比江浙、深圳、珠海地区上市公司的奖励制度，北京奖励政策稍显不足。江浙地区和深圳具体到市、区两级管理部门对于上市公司各个阶段奖励基本覆盖50%以上上市过程的费用，而北京地区奖励最多在350万元左右，对于初上市的中小企业来说，政府在资金上扶持稍显薄弱。(3) 人才政策。江浙、深圳等地的实践证明，对上市公司高管人才的奖励政策对激发公司在本地落户、经营，增强本地经济竞争力效果非常显著。江浙地区、深圳充分利用了对高管人员个税返还、子女入学、户籍指标等政策，吸引上市和潜在优质上市效果显著。北京这方面政策基本缺失，有待加强。(4) 绿色通道。北京未有符合北京城市发展定位的企业优先上市的绿色通道。第一，与天津相比，北京未有特殊绿色通道，导致美股、港股回归企业回归之后未能及时上市，上市公司外流现象明显。第二，证监会对于贫困地区上市公司开通绿色通道业务，导致公司主体办公经营在北京的上市公司，注册地流向外省市。

第十五章　结合优势构建具有竞争力的上市公司产业链

北京地区已有的存量上市公司行业领域分布广，涉及产业门类较多，未来发展中北京必须处理好"舍"与"得"、疏解与提升的关系，放弃"大而全"的经济体系，加快构建高精尖经济结构。需要结合"四个中心"城市战略定位，结合新一轮世界科技革命和产业变革的发展方向，结合北京现有的科技、人才、产业基础，做好优势产业选择，依托资本市场加快培育世界级企业巨头，引领带动形成占据全球价值链中高端的高精尖产业集群，与大国首都发展要求相适应。

互联网时代，技术变革和产业迭代步伐加快。虽然中国证监会根据新形势新经济特征，不断改进上市公司的行业分类标准，但是门类和大类的划分基本还是沿用国民经济行业分类。本课题组在深入研究北京地区上市公司中发现，现有的89个行业分类已经不完全适用于对上市公司的研究分析，一方面是由于有些上市公司从研发、生产到应用进行全产业链布局，有些上市公司跨界并购、多领域布局，有些制造业、采矿业的上市公司已经转型为服务型企业，这些特点在央企、总部型企业体现得更为充分。另一方面更大程度上是由于北京地区绝大多数上市公司都步入新兴产业，如互联网教育、互联网金融等上市公司，有的被划为教育行业、金融行业，有的被划入制造业，更多的被划入软件信息服务业，如人工智能、集成电路等上市公司。这种行业划分十分不利于实事求是地分析上市公司，鉴于这种情况，本课题组既采用了证监会的大类分类标准进行分析，又根据企业主营构成、战略板块和研报，逐一对企业所属的子行业和板块进行重新梳理划分,力求更加准确地把握上市公司产业结构,也更加有利于进行产业引导和支持。

从北京地区上市公司业务构成的主营板块看,有29.8%的上市公司以传统业务为主,主要从事房地产、采矿、建筑、批发零售、餐饮和公用事业等领域。这部分上市公司中大多数的实际控制人是中央企业和事业单位、市区属国有企业,分别占北京地区上市公司全部央企和市属国企的41.7%和57.7%。从经营效益看,平均营业利润率为5.2%,远远低于北京地区上市公司整体经营效益,反映出央企和市属国企产业升级的任务还很重,亟待深入推进国企改革,提高国有资产证券化水平。同时,市属国企也应该发挥示范带头作用,率先从中心城区向郊区疏解转移,引领带动其他相关产业向外疏解。

北京地区70.2%的上市公司都已进入新兴产业,主要行业分布(见图15-1)排名前五位的是:人工智能、生命科学和医疗健康、文化传媒、金融、新能源与生态环保,这五大领域的上市公司占北京地区上市公司总数的41.7%,也是具有潜力跻身世界一流的上市公司产业集群。

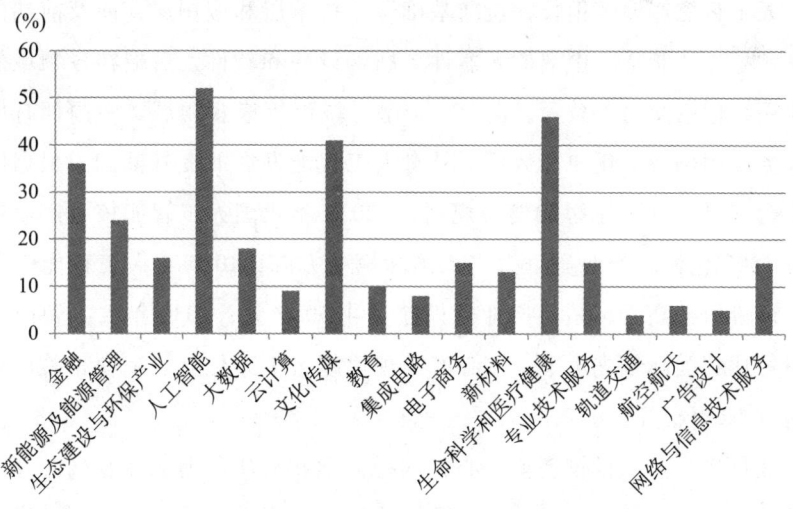

图15-1 北京地区上市公司行业分布情况

一、人工智能（AI）产业

人工智能是引领未来的战略性技术，世界主要发达国家把发展人工智能作为提升国家竞争力、维护国家安全的重大战略，加紧出台规划和政策，围绕核心技术、顶尖人才、标准规范等强化部署，力图在新一轮国际科技竞争中掌握主导权。2012年以来，人工智能深度学习在学术界和应用方面取得突破，全球开始爆发新一轮的人工智能热潮。2012—2016年，人工智能领域的全球风投从5.89亿美元猛增至50多亿美元。2017年10月，AlphaGo Zero在问世后三天内即击败上一年战胜李世石的AlphaGo版本，全球都认识到人工智能产业化的拐点可能已经到来。由于AI产业核心技术掌握在巨头企业手里，引领AI产业发展的技术竞赛，主要是巨头之间的角力。美国的谷歌、脸书、微软、亚马逊、IBM、苹果，我国的"BAT"等上市公司都大举投入人工智能领域，通过招募AI高端人才、组建实验室、持续收购新兴AI创业公司等方式加快关键技术研发，构建生态体系。

人工智能产业链很长，包括基础层、技术层和应用层，涉及前端的深度算法、芯片制造，中端的元器件、高端设备和软件，后端在各领域的广泛应用，包括交通、教育、医疗、金融、城市等诸多领域。中国拥有庞大的业务应用场景、用户和数据，具有人工智能发展的良好基础。根据国务院出台《新一代人工智能发展规划》，2020年我国人工智能核心产业规模超过1500亿元，产业竞争力进入国际第一方阵；2025年人工智能产业进入全球价值链高端，核心产业规模超过4000亿元；2030年人工智能产业竞争力达到国际领先水平，核心产业规模超过1万亿元，带动相关产业规模超过10万亿元。

北京作为全国科技创新中心，依托大学和科研院所，在基础芯片、传感芯片、网络通信技术（5G）、操作系统、深度学习、人脸识别、指纹识别、应用场景等诸多方面都具有全国其他省区市无法比拟的优势，具备人工智能产业发展的良好技术支撑环境。本课题组通过对标国际顶尖水平，参考 Scopus 收录发文量及被引影响因子、PCT 专利数量等指标，认为依托北大、清华、中科院等研究机构，北京在脑科学、人工智能方面是最具有竞争力、最有可能取得突破的学科领域，人工智能产业化的基础研究优势突出，代表了全国最高水平。

从产业化推进看，北京地区人工智能核心产业领域中既有百度、同方股份、中科曙光等上市公司，也有商汤科技、face++等独角兽公司，另外，寒武纪科技公司在 AI 芯片（神经网络芯片）领域的研发突破，得到全球风投的极大关注。在人工智能应用层面的上市公司数量更多，主要集中在网络安全、安防、交通等领域，占北京地区人工智能上市公司总数的 37%。投向北京地区企业的风投资金主要集中在芯片、计算机视觉与图像、自动驾驶/辅助驾驶三大领域。如图 15-2 所示。

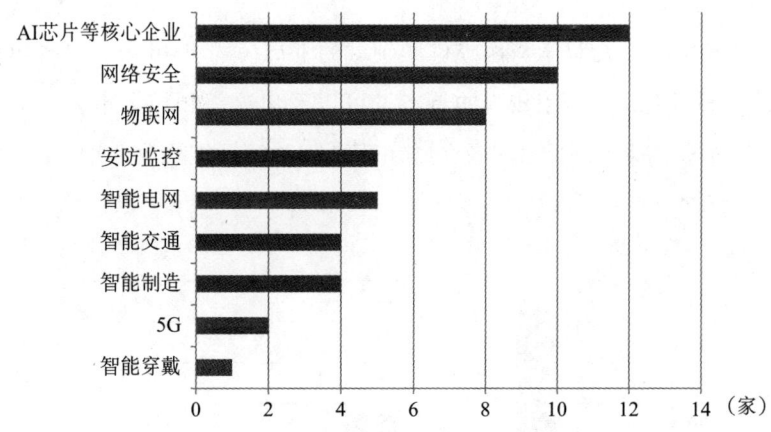

图 15-2　北京地区上市公司人工智能细分产业分布情况

除此之外，北京地区还有 27 家主营大数据、云计算的上市公司，与人工智能产业交叉融合特征明显，形成互促互进、相互支撑的良好产业生态。北京已经站在全球人工智能产业的顶层，尤其是 AI 芯片作为产业上游，是技术要求和附加值最高的环节，基于芯片构建的 AI 生态，包括硬件入口、软件应用、以及软件应用中的增值服务等，将成为未来在 AI 市场中的核心竞争力。因此，以上市公司为龙头，以企业为研发主体，构建人工智能产业链条,极有可能通过自主研发,掌握理论层核心技术,在相对空白的人工智能领域打破国外长期的核心技术垄断,实现弯道超车,构建全球价值量最高端的产业链条。

但同时也要看到,人工智能产业突破关键在于理论和技术瓶颈的突破。对标国际一流,我国在处理器/芯片、机器学习应用、自然语言处理、智能无人机等热点领域与美国等发达国家还有差距,缺少重大原创科研成果,人工智能顶尖人才远远不能满足需求,迫切需要利用资本市场,加快培育若干全球领先的人工智能骨干企业,形成高精尖产业集群发展的良好产业生态。

二、生命科学与医疗健康产业

北京地区在生命科学与医疗健康领域的上市公司有46家,呈现出数量较多、市值不大、创新型较强的特点。可以看出这一领域上市公司的规模较小,市值仅占北京地区上市公司总市值的2.4%。细行业分布如图15-3所示。

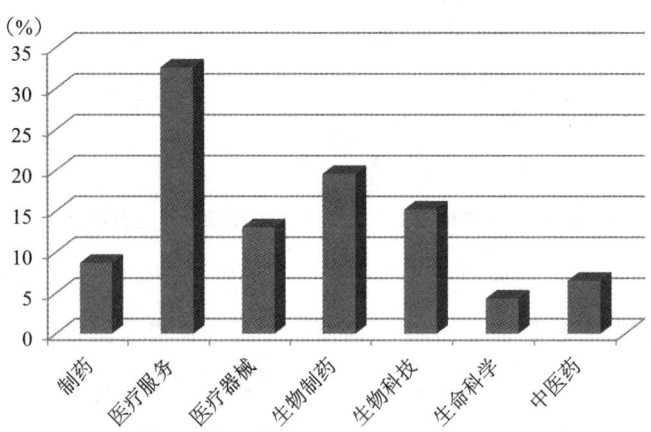

图15-3 北京地区生命科学与医疗健康领域上市公司细分行业分布情况

北京地区生命科学与医疗健康上市公司主要集中在医疗服务、生物制药、生物科技和医疗器械等细分领域，尤其在生物制剂、疫苗和医疗器械等领域，上市公司的研发能力较强，从研发费用占营业收入比重、拥有专利数量、人均产出、地均产出等指标看，在各产业中都名列前茅，符合北京城市战略定位和产业发展方向。做强做大这一产业的关键在于支持企业技术研发和产业化，提供产学研用一体化的良好产业生态环境。一旦某项科技成果产业化或新药研发取得突破，产业爆发的空间很大。

三、文化娱乐新媒体产业

北京地区文化娱乐新媒体产业上市公司共有41家，与生命科学与医疗健康产业一样，属于小市值产业板块，仅占北京地区上市公司总市值的2.6%。上市公司细分行业分布如图15-4所示。

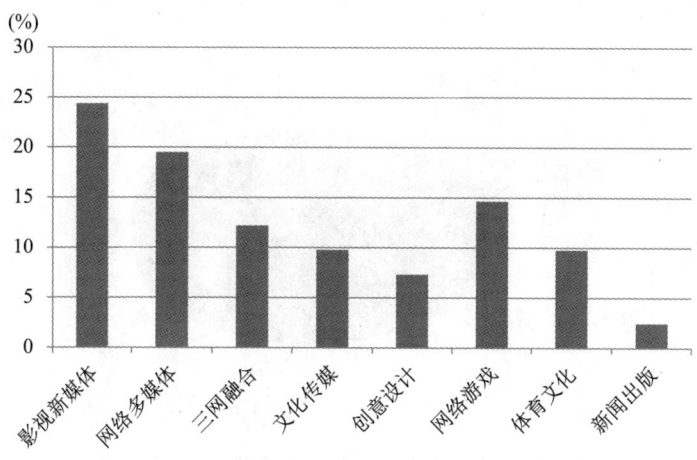

图15-4　北京地区文化娱乐新媒体产业上市公司细分行业分布情况

近年来，影视新媒体、网络多媒体、网络游戏等领域上市公司发展较快，迎合了广大群众文化娱乐需求增长的需要。随着人民生活水平不断提升，对文化娱乐和精神生活方面的需求将会不断升级，对于一个13亿人口的大国，文化娱乐市场空间十分广阔。北京作为全国文化中心，发展文化创意产业具有独特的资源优势和人才优势。目前北京地区上市公司已经形成的影视新媒体、网络多媒体、网络游戏、三网融合、体育文化、文化传媒、创意设计、新闻出版八大板块,都具有很大的发展空间。同时营造良好产业生态,可以推动上市公司借助资本市场实现快速扩张,实现全国布局。

四、金融业

与全国金融管理中心地位相匹配,北京地区上市公司金融板块企业共37家,行业分布见图15-5。这一板块的上市公司突出特点是央企多、市值大、效益好,金融业上市公司市值占北京地区上市公司总市值的34.4%,营业收入和净利润分别占上市公司总数的31.6%和68.7%。营业利润率高达25.8%,大幅高于上市公司平均盈利水平,是典型的高效益、高附加值产业。

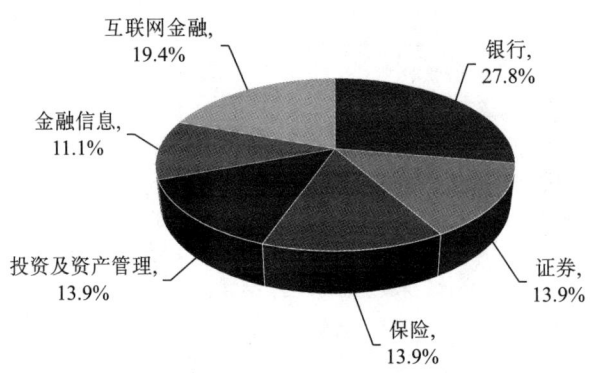

图15-5 北京地区金融业上市公司细分行业分布情况

从上市公司细分行业看,市值和收益主要是由银行业贡献的,银行业上市公司市值占金融业上市公司的70.2%,营业收益率最高,高达37%,是金融业中效益最好的行业。市值排名第二的是保险业,占金融业上市公司市值的17.5%,但效益并不突出,营业利润率只有4.5%,低于金融业平均水平。证券业上市公司的市值和营业收入比重都很小,但效益好,营业利润率为32.9%。比较突出的是,近几年来主营从事互联网金融的上市公司迅速增加，这一板块市值虽然很小，但增速快，平均营业利润率为27%。

金融业是首都经济的第一大支柱产业，进入新时代，首都金融业在服务"四个中心"城市战略定位、服务实体经济过程中，既有发展科技金融、文化金融、绿色金融的广袤空间，其自身也有扩大对外开放、发展金融科技的强烈需求，新金融业态、新金融模式将会不断推陈出新，形成新的金融体系。在北京非首都功能疏解提升的背景下，在互联网信息技术的冲击下，本研究认为依托北京地区金融业上市公司的雄厚实力，未来金融业仍是大有可为的产业集群。结合目前产业基础，可以重点打造的细分产业集群主要有以下几方面。

一是投资与资产管理。北京地区全球跨国公司总部聚集、资金汇聚，作为一个走向世界舞台中心的大国首都，理应成为全球资金资本配置的中枢之地。随着投资与资产管理市场不断成熟，北京在此领域应该当仁不让成为全国老大。一方面，应支持上市公司开展投资与资产管理业务，另一方面，应大力支持投资银行、私募基金和有关金融中介在京聚集发展，打造全球资产管理中枢。

二是金融信息服务。金融信息服务产业是金融产品交易平台、分析平台和投资理财渠道，可以给单位或个人用户提供最专业与即时的金融资讯，帮助其在金融活动中创造更高的价值。北京金融机构云集，金融信息具有较为便捷的可获性，应支持该领域上市公司加大金融领域软件和信息系统的研发和产业化，建设全球金融信息服务和金融数据服务市场，提升金融资讯服务能力。

三是互联网金融。随着国家大力整顿互联网金融市场秩序的效果逐渐显现，互联网金融发展将会越来越规范，目前鱼龙混杂的局面将会结束。经过市场优胜劣汰存活下来并长大的优质企业，将在互联网金融细分领域中形成新的寡头垄断局面。北京在互联网金融领域已形成产业优势，需要在不断规范中做大做强，打造具有竞争力的产业集群。

五、能源与生态环保

北京地区在新能源及能源管理、生态建设和环保产业的上市公司有41家,在生态文明建设和"大城市病"治理的发展要求下,发展节能环保产业十分迫切。这一领域上市公司的细分行业如图15-6所示。

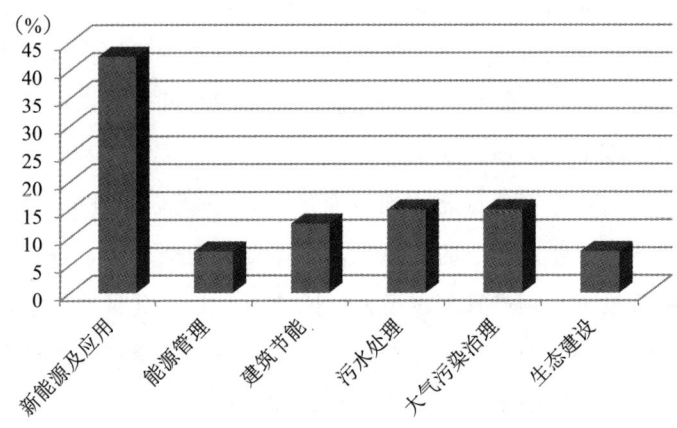

图15-6　北京地区新能源与生态环保产业上市公司细分行业情况

这是一个由形势和任务倒逼形成的产业,受政策影响较大。目前已经形成的上市公司集群主要集中在新能源及应用,包括风电、太阳能、锂电等领域,上市公司数量占节能环保领域的42.5%。污水处理、大气污染治理、建筑节能、能源管理和生态建设等板块的上市公司在服务全国过程中正逐步实现全国布局,市场尚未全部打开,发展空间还有待进一步开发,可以作为北京地区重点打造的产业链条。

第十六章　引导上市公司合理分布优化城市功能和空间结构布局

按照新版的北京城市总体规划（2016—2035 年），北京将着力改变单中心集聚的发展模式，构建"一核一主一副、两轴多点一区"的城市空间布局。上市公司作为产业集群中的龙头，推动上市公司在各区合理分布，能够有效带动产业链上下游企业跟随迁移，实现产业集群合理分布。因此，引导上市公司合理布局，是实现中心城区疏解提升、优化城市空间布局的实现路径。

一、调整现有上市公司空间布局

根据 BBD 大数据统计分析，截至 2018 年年底在北京注册的境内外上市公司共 347 家，而实际在北京地区办公经营的上市公司达到 471 家。从上市公司实际办公地点的分布看（见图 16-1），主要分布在海淀、朝阳、西城和东城区，分别占北京地区上市公司总量的 31.6%、23.8%、14.4% 和 9.6%。在城六区（中心城区）办公运营的上市公司占 85%。由此可见，北京地区上市公司大多都拥挤在城市中心区，一定程度上加大了中心城区的人口资源环境负荷，也不利于形成细分产业的相对聚集和营造良好的产业生态环境，上市公司在城市空间的布局结构亟待调整优化。

从图 16-1 中还可以看出，东城、西城、朝阳、海淀区上市公司注册地与经营地倒挂的现象突出，尤其是朝阳区，实际在朝阳区经营办公的上市公司远远多于在朝阳区注册的上市公司。上市公司不惜支付中心城区高

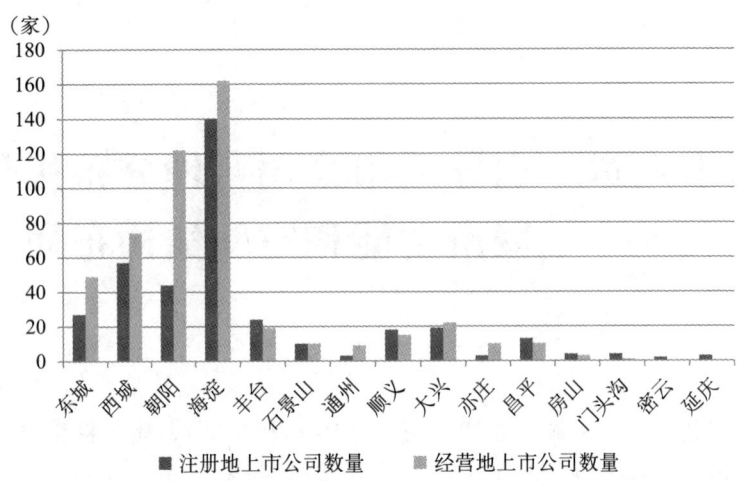

图 16-1 北京地区上市公司在各区的分布情况

昂的房屋租金等运营成本,主要看重中心城区通畅的信息、良好的区位和办公环境。但这种现象也造成税收外溢,给中心城区城市管理带来很多问题。推动上市公司在全市合理布局除了对产业布局结构进行引导,还需要从税收政策、运行成本和营商环境等多方面综合施策、破解难题。

二、推动首都功能核心区的传统产业上市公司向外疏解

目前,位于东城、西城区经营办公的上市公司共有 105 家,其中中央企业上市公司 52 家,市属国企上市公司 13 家,民营上市公司 35 家;从行业看,金融业上市公司 23 家,房地产、建筑、石油石化、采矿、公用事业等传统领域上市公司共 43 家;从经营效益看,营业收入占全市上市公司营业收入的 67%,净利润占全市的 85%(其中金融业贡献了 68%)。可见,核心区上市公司具有央企集中、企业规模庞大的特点。落实核心区优化提升首都功能、推动减量发展要求,建议核心区保留金融业上市公司和部分水电气热等公用事业上市公司,推动传统领域上市公司向外疏解。一是按照中央部署要求,主动对接支持河北雄安新区规划建设,支持部分大型央

企上市公司向河北雄安新区有序转移。二是非金融类市属国企上市公司带头向城市副中心或新城搬迁，引领带动传统领域上市公司向外疏解。

三、引导适宜产业的上市公司向北京城市副中心转移疏解

北京城市副中心是北京新两翼中的一翼，主导功能是行政办公、商务服务和文化旅游。目前，通州区的注册上市公司只有3家，实际在通州办公的上市公司也只有9家，产业基础比较薄弱。可以引导符合副中心功能定位的新金融、电子商务、互联网平台公司、文化传媒、广告设计等城六区上市公司迁移到通州区发展，示范带动中心城区产业疏解，形成新的具有竞争力的产业集群，促进产城融合、宜居宜业。

四、支持质量效益好的新兴产业上市公司向平原地区的五个新城聚集

位于平原地区五个新城的上市公司家数只占全市上市公司总家数的11.7%，一定程度上反映出全市产业布局结构不尽合理。应结合五个新城功能定位，合理规划一批能够承接中心城区产业功能疏解的新市镇和特色小镇。根据各区产业优势明确重点发展的主导产业，推动同一产业类型的上市公司相对聚集发展，吸引上市公司入驻形成龙头带动作用，进一步聚集资本、人才、技术等高端要素，形成产业链内部的纵向协调和产业之间的协同效应，以良好的产业生态进一步助推上市公司做强做大、提升竞争力，打造具有竞争力的优势产业集群。各区主导产业的选择，建议按照符合产业发展方向的新兴产业细分子行业进行选择，避免重复，形成错位发展，打造各具特色的上市公司产业园区，建设功能完善、特色鲜明、宜居宜业的新型城镇，推动全市产业合理布局。

第十七章　以服务上市公司为抓手构建高精尖经济结构

北京市的发展蓝图已定,落实"四个中心"城市战略定位,在"双控三线"约束下推动首都新发展需要积极探索具体的实现路径和实施方案。上市公司都经过严格的财务审核,拥有良好的公司治理结构和经营效益,执行财务信息披露并接受公众监督,大多都是品质优良的"行业引领者"。以上市公司为龙头,在京津冀地区打造具有核心竞争力的产业链条,带动整体产业结构升级,打造经济发展新高地,是落实国家重大战略实现首都新发展的有效途径和现实选择。

一、以服务上市公司为抓手构建高精尖经济结构的必要性和可行性分析

1. 上市公司是产业发展的"菜心"

2017年《财富》杂志发布的世界500强企业榜单中,除了中国邮政、华为投资等极少数企业是非上市公司,其他绝大多数都是在世界各大证券交易所上市的企业,上市公司的综合实力代表着国家产业的竞争力。在全球新一轮科技革命和产业变革中,国外上市公司在世界科技的若干前沿领域率先布局、引领发展。目前,我国有两家企业进入全球市值前10名,分别是阿里巴巴(全球排名第6,市值4326亿美元)和腾讯(全球排名第8,市值3961亿美元)。2016年,这两家企业的营业收入都在230亿美元左右、利润60多亿美元,相较于Apple公司2016年营业收入2156.4亿美

元、利润456.9亿美元，还差了一个数量级。"BAT"中的北京企业百度，市值807亿美元，与阿里巴巴和腾讯的差距在扩大。

2. 资本市场是培育"菜心"的沃土

过去10年，全球市值前十名的排行榜发生了很大的变化，已经从石油、银行类企业转向大数据、物联网等IT企业。目前，全球市值排名前5名的企业，分别是Apple（苹果，市值8474亿美元）、Google（谷歌，市值6596亿美元）、Microsoft（微软，市值5695亿美元）、Facebook（脸书，市值4996亿美元）、Amazon（亚马逊，市值4699亿美元），全是科技型企业。在资本市场的孕育下，企业得以快速成长。过去需要上百年时间才能长成"巨无霸"，现在在科技和资本的作用下，短短20年就诞生了许多伟大的公司。例如，Facebook自2012年上市后通过股票交换等方式，接连实施了70起并购（M&A），股价一路飙升，高股价又加速了企业发展壮大，到2016年年底，5年时间Facebook营业收入从50亿美元增长到276亿美元，翻了5倍多。研究表明，科技型企业一般在创业初期就引入风投，按照上市的路径发展，企业成长的生命周期加快，经历优胜劣汰存活下来的，会迅速发展成为行业具有影响力的企业巨头。

3. 大型上市公司处于产业价值链和生态圈的顶端

上市公司发展到足够强大后，就会围绕产业链的上下游，通过业务分拆、投资、收购等形式不断孵化培育新兴企业，孕育着数量众多的独角兽或潜在独角兽。例如，阿里巴巴生态圈中诞生了蚂蚁金服、阿里云、口碑、菜鸟、阿里音乐、淘票票、钉钉等若干估值超过10亿美元、未上市的独角兽企业。未来3年内，阿里将投入1000亿元进行技术研发，围绕量子计算、机器学习、基础算法、网络安全、视觉计算、自然语言处理、人机自然交互、芯片技术、传感器技术、嵌入式系统等开展基础科学和颠覆式技术创新研究，涵盖机器智能、智联网、金融科技等多个产业领域，形成良好产业生态。中国独角兽中有将近一半的背后投资方是腾讯、阿里巴巴或百度这三大企业。

可见，北京要构建高精尖经济结构，除了在产业门类选择上下功夫，急需在产业链高端环节培育具有核心竞争力和全球影响力的"菜心"企业，引领整个产业链占据全球价值链的中高端环节，带动产业生态的重新构造和改善，而资本市场是"菜心"最好的培育土壤，因此，在推动企业上市和服务上市公司上做文章，是政府推动高精尖经济结构形成的有力抓手。

二、以服务上市公司为抓手构建高精尖经济结构符合新时代发展要求

1. 以服务上市公司为抓手，是把发展经济的着力点放在实体经济上的具体体现

当前和今后一个时期，北京市将深入落实"四个中心"城市战略定位，有序疏解非首都功能，优化提升首都功能，建设国际一流的和谐宜居之都。在疏解提升背景下，产业增量将会控制得越来越严格，要实现更好的发展，必须在存量上多做文章。一方面，积极发挥全国科技创新中心优势，积极推动科技成果产业化，孵化孕育更多科技型企业从 A 轮融资走向企业上市。另一方面，服务好存量上市公司，支持上市公司利用资本市场实现快速扩张和全球布局，做强实体经济，实现内生增长。

2. 以服务上市公司为抓手，是更好发挥金融服务实体经济功能作用的需要

我国多层次资本市场格局已初步形成，从风险投资到上市融资，只有越来越多的企业实体进入多层次资本市场，金融才能更好发挥服务实体经济的作用。北京金融机构云集，金融资源丰富，政府可以借助金融手段更好地支持实体经济发展。培育和服务上市公司，正是政府服务实体经济与金融服务实体经济的最大公约数。

3. 以服务上市公司为抓手，是使市场在资源配置中起决定性作用和更好发挥政府作用的最佳结合点

尽管我国 A 股市场还需要不断规范改进和完善，但市场化程度相对较

高，上市公司能够在相对公开、公平、公正的市场环境中竞争发展、优胜劣汰。一个企业从小到大再到上市，充分发挥了市场机制作用。政府培育和服务上市公司，既遵循了市场规律，又能够有效激发市场活力，调动民间资本和外资投资积极性，还很好地解决了政府服务企业没有目标和方向的问题。北京市正在构建高精尖经济结构，服务上市公司是更大程度发挥市场作用和更好发挥政府作用的有力抓手。

因此，以服务上市公司为抓手构建高精尖经济结构，将推动政府行为从宏观调控向微观服务转变、从粗放指导向精准施策转变，有效适应建设现代化经济体系的发展新要求。

三、培育和支持上市公司的整体思路和目标

本报告学习借鉴了广东、浙江、上海等省市支持上市公司发展的经验做法和政策措施，充分考虑北京上市公司发展的实际情况和特点，形成以下意见建议。

总体思路：落实"四个中心"城市战略定位，紧紧抓住新一轮世界科技革命和产业变革的发展方向，结合北京在科技、金融、人才方面的优势和已具有的产业基础，做好优势产业战略选择，借助资本市场的力量，加快企业上市步伐，支持和帮助更多上市公司发展壮大成为全球领先的行业龙头，引领带动形成占据全球价值链中高端的高精尖产业集群，支撑起与强国首都相匹配的高精尖经济结构。

主要目标：借助多层次资本市场力量，提升北京地区企业质量和效益，激发民间资本活力，培育若干具有全球竞争力的优质上市公司，共同支撑起与城市功能定位相符合、与国际一流和谐宜居之都相匹配的高精尖经济结构。

一是培育和推动更多企业上市。到2020年，努力实现北京地区境内外上市公司达到700家，其中A股上市公司450家，境外上市公司250家；新三板挂牌公司2000家，北京股权交易市场挂牌企业5000家，形成合理

的上市公司发展梯队。

二是帮助上市公司快速成长、做强做大。到2020年，实现企业规模（营业收入）超过万亿元的超大型企业5家，重点帮助事权范围内的非央属上市公司做强做大，使营业收入1000亿元以上的非央企上市公司由5家增长到10家以上，营业收入500亿元以上的非央企上市公司达到20家，营业收入200亿元以上的非央企上市公司达到50家，形成上市公司龙头带动的高精尖产业集群。

三是推动上市公司疏解提升、合理布局。到2020年，通州城市副中心上市公司达到30家以上，平原地区五个新城的上市公司均达到20家以上，以上市公司为龙头形成疏解带动效应和产业集聚效应。在10个郊区合理规划一批能够承接中心城区产业功能疏解的新市镇和特色小镇，每年打造10个上市公司小镇，三年累计建设30个具有产业支撑的特色上市小镇。

四、培育和支持上市公司的政策建议

1. 加强顶层设计，形成有利于上市公司发展的体制机制

全市一盘棋，树立上市企业就是经济新增长点的发展理念，整合全市各级各部门力量，协同推进上市公司发展有关工作。

一是市级层面出台文件，将服务上市公司提升到促进产业疏解提升、构建高精尖经济结构的高度进行部署，结合城市功能定位明确培育和支持的重点产业领域，出台支持上市公司发展一揽子政策措施。

二是在市级层面成立促进上市工作领导小组，统筹协调市级相关部门协同开展工作，形成市区两级联动工作机制，齐抓共管推动更多企业上市，帮助上市公司借助资本市场做强做大。

三是建立以区为主的促进上市工作机制。明确各区推动企业上市和服务上市公司的职责任务，各区政府应通过走访调研企业、推动股改、召开专题培训会、对接需求等方式做好辖区内企业上市或挂牌培育辅导工作，结合各区实际和特色，尝试不同模式，进行统筹规划，给予企业配套政策支持，切实帮助企业解决困难问题。

四是搭建促进上市工作服务平台。用好中关村创新创业企业上市培育基地，建立风投、创投、新三板、主板一条龙服务体系，搭建金融服务平台。加强与金融监管机构、沪深交易所、新三板市场的沟通协调，积极争取更多支持和理解。加强中概股回归事项协调，帮助上市公司解决实际困难和问题。

2. 做好上市培育，推动更多企业成为上市公司

围绕北京市重点发展的产业做到发现一批、培育一批、储备一批、上市一批，形成完整的企业上市服务体系。

一是建立上市公司信息大数据监测系统。将北京地区已上市公司纳入监测平台，及时了解和掌握新情况和新问题，及时帮助解决企业发展难题。对于潜在上市公司，建立上市公司储备库，梳理北京地区规上（限上）企业，将符合上市条件的企业、已获得风险投资的企业，以及独角兽企业纳入上市公司储备库，建立企业台账，实行动态更新。

二是支持企业股改。将上市奖励扶持资金支持关口前移，对进入上市流程、完成股改的企业实行奖励制度，鼓励企业完善治理结构。

三是加大企业上市培训力度。对纳入储备库的企业高管定期进行培训，了解上市流程，增强企业利用和驾驭资本市场的能力，推动企业规范运作，提升企业利用多层次资本市场的意识和水平。

四是搭建本市企业与证券公司、投资银行、创投基金等金融机构的对接平台，建立潜在上市公司企业池和优质券商池，减少双方搜寻成本，为企业提供上市咨询服务，架起金融服务实体经济的桥梁。

五是加强与证监会、交易所、新三板等沟通协调。近年来我市企业上市步伐放缓，很大程度的原因是对科技型、文化类的新经济缺乏解释沟通，造成上会审批率不高。应加强与证监会沟通协调，积极争取交易所、证监会等相关管理部门对北京高精尖产业结构建设的支持，谋求针对首都特色支柱产业的绿色通道。

3. 推动合理布局，打造具有竞争力的上市公司产业园

一是统筹制定全市产业布局规划。结合目前北京地区上市公司已经形成的发展优势和产业基础，针对人工智能、生命科学和医疗健康、文化传媒、金融、新能源与生态环保这五大具有潜质的重点产业，按照细分行业进行划分，与各区的功能定位相适应进行规划布局，避免相互竞争，形成错位发展。

二是以上市公司产业园或上市公司特色小镇为载体，推动同一产业类型的上市公司相对聚集发展。以上市公司为龙头的全产业链体系建设，对于实现产业链内部的纵向协调和产业之间的协同效应非常必要。通过建设上市公司产业园和上市公司特色小镇，积聚区域内上市公司，形成上下游产业链，助推上市公司进一步做强做大，形成具有更强竞争力的产业集群。

三是按照国际一流标准建设城市副中心、新城和小城镇营商环境。吸引城区的上市公司向外疏解搬迁，就需要有更好的工作环境和产业生态。以通州建设北京城市副中心为契机，坚持高标准建设软硬件设施，各区主动对标，结合功能定位和产业特征，打造更加适宜上市公司发展的产业生态环境，引导中心城区上市公司向城市副中心、新城和小城镇聚集发展。

四是建立上市公司搬迁转移的税收分成机制。目前，各区都不愿重点税源企业迁出本区，不利于全市产业结构布局调整。为了推动中心城区企业向郊区疏解，建议对中心城区疏解企业实行迁入区和迁出区税收分成政策。

4. 构建产业生态，营造良好的上市公司发展环境

一是加强产业基础研究和共性技术研究。发挥北京高校院所聚集的科研优势，针对重点产业，以上市公司需求为导向，支持开展产业基础研究和共性技术研究，为关键核心技术产业化突破提供强大科研支撑。

二是引进和留住顶尖人才团队。制定针对上市公司高管、高技术人才的特殊政策，借鉴其他省区市行之有效的做法，采取个税返还支持、子女入学等方式引进和留住人才。

三是支持上市公司做强做大。抓好服务上市公司工作，支持开展兼并重组，创造条件帮助企业走出去进行海外并购，鼓励上市公司围绕产业链条营造产业生态，增强上市公司的产业龙头带动作用，引导上市公司在津冀地区进行上下游布局，辐射带动形成具有全球影响力的核心产业链条。

五、以上市公司为龙头优化京津冀产业布局

京津冀产业疏解转移升级中金融支撑具有如下特点。

1. 银行融资系统对产业发展支撑的缺失

无论是北京以服务业为主的后工业时期的产业升级，或是天津处于工业化后期推动三次产业结构调整和升级，还是河北在工业化中期过程中积极承载北京转移产能，银行融资系统对产业转移和轻资产服务业发展的支持一直跟不上实际需要。而目前当前银行融资体系，一是惯于支持那些拥有足够的固定资产进行抵押、有充足的现金流保障还本付息的企业，才能从银行获得贷款。二是银行通常对劳动生产率较低的国有企业金融支持较多，对创新能力强、劳动生产率较高的中小企业金融支持不足，不利于北京作为全国文化中心、科技创新中心，在京津冀范围内进行科技成果转化孵化，布局战略新兴产业链条和文化创意产业链条。三是金融服务机制不健全。例如，异地贷款，各地金融机构对异地融资设置限制条件，导致企业转移过程中难以获得相应的贷款支持。又如，信贷资产转让，金融监管遵循整体性原则，限制了信贷资产转让的活跃度，难以满足日益增长的产业转移调整的信贷需求。

2. 金融产品和服务创新跟不上产业疏解转移升级发展需要

京津冀协同发展中产业和经济领域的发展新动向伴随着多样化的融资需求，即多元化的融资供给方式和融资渠道。除了传统的贷款融资，还有信托贷款、委托贷款等多种间接融资方式，还可以通过场内场外资本市场，发行股票债券，设立产业基金，运用融资租赁等多种方式进行融资。但目前，除了北京具有较丰富的金融产品和服务之外，津冀两地金融市场

和金融创新都满足不了北京转移产业的金融需求。尤其是针对京津冀上下游产业链条构建中生产、改造、贸易等方面的融资需求，相关政策和机构难以提供与之相适应的金融产品和金融服务；对新兴产业、创新企业、新业态、新经济还不能较好评估其风险和收益，难以提供相适应的金融服务。

3. 产业金融生态环境差距较大

北京金融机构密集，企业融资方便、融资成本低，迁到河北之后信用评级下降，融不到钱，带来很多问题。例如，搬迁到河北市县级的企业，一般都是小支行对企业开展服务，服务层级不对等、困难多，所以很多签约搬迁的企业难以生存下去，又都搬走了。造成这一问题的原因是河北省金融生态环境差，体现在产业链条不完善，缺少上下游企业形成产业集群；各地区经济发展水平、环境、企业经营状况存在较大差异，金融机构各分支机构在管理体制上相互独立，跨地区金融政策不衔接、不统一；信用系统和质押抵押系统不互通、不协调，导致许多转移企业无法通过抵押方式从金融机构获得资金解决方案，企业转移后当地的金融机构不了解企业信用情况，由于信息不对称，阻碍贷款发放；缺乏对质押抵押资产核实的评价体系，河北省担保公司等金融配套服务发展缺失，业务能力薄弱、费用过高等问题都加大了转移企业融资难度；金融法制环境不规范，会计审计、信息披露等制度不完善，金融执法不规范，存在地方保护主义，金融监管体系不完善，配套的法律法规都亟待建立健全。

北京集聚了国内数量最多、体量和竞争力在国内甚至全球都排名领先的上市公司，以上市公司为龙头从全产业量的视角，选择具有竞争力的优势产业在京津冀范围内布局，产业链的研发等适合首都发展方向的核心环节留在北京，产业链的其他环节在京津冀范围内布局，既可以实现首都疏解的要求，又可以提升天津河北产业的竞争力，解决产业发展中的金融支撑不匹配的难题，优化金融支持环境，从而实现以金融驱动实现京津冀产业升级，形成新的经济增长极的目标。

第四篇　科技金融助力京津冀协同发展研究
——北京科技金融调研报告

"四个中心"的定位明确指出要将北京打造为科技创新中心。科技创新离不开金融资源的支持，金融发展本身也受益于金融科技的进步，科技和金融的结合成为支撑和服务经济发展方式转变和结构调整的着力点。在此背景下，如何进一步发挥金融对北京科技产业发展的支持作用成为北京市亟待解决的重要课题。课题组将围绕上述问题，以《北京市促进金融科技发展规划（2018—2022年）》等文件为指导，调研目前北京市科技金融的发展情况、政策支持及取得的成绩、目前尚存在的问题，在此基础上提出相关建议。

第十八章 北京科技金融发展的现状分析

一、需求侧：北京科创企业发展特点

北京市科创企业数量在全国范围内的保持领先状态：①国家重点扶持领域的高新技术企业数量。根据高新技术企业认定管理网统计，截至2018年年末，北京共有国家重点扶持领域的高新技术企业24691家，比深圳（14400家）、上海（9206家）的总和还要多。②"独角兽"企业数量。截至2018年12月31日，北京独角兽共74家，数量恰好为位列其后的三个城市独角兽数量之和（沪34家、杭16家、深14家）。北京继续引领高估值独角兽，估值前10企业中北京独占5家。③"新三板"融资企业数量。由于主板和创业板严格的上市审核要求，许多科技型企业特别是中小企业往往只能通过"新三板"进行直接融资。截至2018年年末，北京、上海、深圳分别拥有1440家、904家、642家"新三板"企业，全年通过增发股票分别融资49.55亿元、33.59亿元、24.47亿元。④海外上市企业数量。由于多方面原因，科创企业热衷在港交所、纽交所、纳斯达克等海外交易所挂牌上市。截至2019年10月，北京海外上市企业93家，其中科技公司（公司属于电信服务、可选消费、信息技术、医疗保健四类科技含量较高的行业）61家。相比之下，上海海外上市公司（海外上市科技公司）为53（28）家，广东海外上市公司（海外上市科技公司）为41（19）家，全国各地区（不包括台湾省）上市公司（海外上市科技公司）为310（158）家。此外，北京市较高的研发强度也可以侧面印证北京市科创企业在全国范围内的领先状况。各地统计年鉴数据显示,2017 年,北京研发投入 1579.7 亿元,占 GDP 比重为 5.64%;相比之下,上海为 1205.2 亿元,占比 3.93%;深圳为 976.9 亿元,占比 4.34%。

二、供给侧:北京科技金融供给状况分析

可以从机构数量和产业规模概览北京科技金融供给侧的情况:①机构数量。2016 年(数据可获性方面的原因,这方面的数据并非常规统计数据,所以采用 2016 课题组调研数据),北京市科技金融规模以上法人单位数 877 个,货币金融科技服务、资本投资科技服务、保险科技服务和其他科技金融服务分别占比 42.9%、41.5%、10.4%、5.2%,货币金融科技服务和资本投资科技服务机构数量旗鼓相当,二者共占科技金融机构总数的 84.4%。②产业规模。北京市科技金融产业实现总收入 1108.5 亿元,利润 786.7 亿元,利润率高达 71%,远远高出科技服务业总体水平(16.5%)。在科技服务业统计 7 个行业分类中,科技金融业收入规模仅排第 6 位,但利润额高居第 2 位,仅次于科技信息服务。

(一)北京科技信贷发展情况分析

1. 科技特色支行的科技金融属性逐步增强

截至 2019 年 6 月末,北京辖内银行业金融机构已设立科技金融特色支行 58 家;特色支行科技型企业贷款余额 931.3 亿元,占特色支行各项贷款余额比例达到 31.02%,较年初提升 1.64 个百分点,科技金融属性不断增强;特色支行科技型企业贷款余额占全辖科创企业贷款余额的 15.0%,对全辖科技信贷拉动作用显著。

2. 聚焦中关村示范区内科创企业

截至 2019 年 6 月末,北京辖内银行业科技型企业贷款余额 6207.61 亿元,而科技型企业贷款中对中关村高新技术企业贷款余 5592.91 亿元,占比达到 90.09%,较年初增加 497.77 亿元。截至 2019 年 6 月末,北京银行

业支持中关村"十百千"企业贷款余额达到1226.94亿元，较年初增长91.96亿元，增幅8.1%；支持"瞪羚企业"贷款余额781.19亿元，较年初增加56.79亿元，增幅7.84%。

3. 聚焦科创板企业为代表的民营科技型中小企业

截至2019年6月末，上交所已受理北京市科创企业共计133家（含5家已注册生效企业），其中66家有银行贷款，贷款覆盖率49.6%，贷款企业6月末余额合计78.42亿元，户均贷款余额1.18亿元，涉及15家银行机构。近三年来北京辖内银行累计服务科创企业超过1.9万家，其中科技型中小企业超过1.5万家，占比达到81.1%，科创企业（科技型小微企业）超过1.1万家。

（二）北京科技保险发展情况

科技保险方面，截至2018年3月底，北京科技保险累计服务科创企业1433家次，提供各类风险保障2218亿元，支付赔款4678万元。

1. 专利保险方面

截至2018年3月底，专利保险累计为1417家次的高新技术型企业提供风险保障264亿元，支付赔款16万元。

2. 特色保险方面

新材料首批次应用保险于2017年年底实现了首单突破，截至2018年3月底，参与试点的人保、太保、平安3家保险公司累计为28家次企业提供风险保障12.7亿元。截至2018年3月底，"首台套"保险业务累计提供质量风险和责任风险保障139.6亿元，累计支付赔款4225.6万元。

3. 科创企业集聚区的保险方面

截至2018年3月底，中关村小额贷款保证保险试点累计支持16家次小微高科创企业贷款融资4335万元，支付赔款2665万元。中关村担保新推出了支持大学生及科技工作者创业的"创业保"、支持技术新产品（服务）推广的"创新保"等新产品，为762家次企业提供44.96亿元融资担保服务，科技中小微企业占比96%。

（三）北京科技资本市场发展情况分析

1. 上市企业方面

截至 2017 年年末，北京辖区共有上市公司 306 家，其中科技类上市公司占比超过 70%；截至 2019 年 10 月，辖区内新三板挂牌公司共有 1618 家，科技类挂牌公司占比超过 70%。

2. 多层次资本市场方面

北京市交易场所达到 52 家，区域性股权市场（"四板"）累计服务企业数量达到 5363 家，为中小企业实现融资额达到 148.26 亿元。2019 年以来，北京四板市场净增加企业 302 家，服务企业实现各项融资累计约 14.89 亿元，其中增资扩股约 12.97 亿元、路演融资约 1.72 亿元、私募债融资约 0.2 亿元。

3. 私募股权投资方面

创业投资/股权投资管理机构占全国登记数量的近 20%，管理资金总量约 1.51 万亿元人民币，占全国备案基金总规模的 21.3%。投资案例占全国案例数的 29.1%，股权投资金额占全国约四成，战略性新兴产业占股权投资总金额的 84%。

4. 企业并购方面

2019 年 1—5 月，中关村企业作为并购方共完成国内外并购交易 33 起（其中境外并购 2 起），涉及金额 197.02 亿元人民币，交易数量和金额占全市的六成左右。

三、政策环境：北京科技金融支持政策

为助力北京市科技型企业快速发展，北京市各相关部门近年来陆续出台实施了支持科技金融发展的政策和措施。

（一）北京保监局的支持政策

北京银保监局对银行业服务科技金融的政策支持：①加大政策支持。

机制建设方面，原北京银监局印发《北京银行业加强科技金融创新的指导意见》等，引导银行业金融机构逐步建立科技金融六项创新机制。产品创新方面，联合五部门印发《进一步推动首都知识产权金融服务工作的意见》，引导商业银行积极稳健地开展科创企业知识产权质押融资业务。专业化经营方面，联合人行营管部、中关村管委会印发《关于进一步推动中关村国家自主创新示范区科技金融专营组织机构创新发展的意见》，指导商业银行积极开展科技金融专业化经营。②健全组织体系。批复同意北京中关村银行和浦发硅谷银行北京分行开业，形成辖内银行业机构"法人—分行—特色支行"组成的多层次科技金融服务组织体系。③专业管理、专业人才、专属产品建设三方面引导专业化经营方向。

北京银保监局对保险业服务科技金融的政策支持：①成立专项工作组，凝聚行业发展合力。2018年3月，北京保监局指导成立科技文创保险专项工作组，工作组负责日常工作推动，并建立定期工作机制。②推动科技保险、专利保险等试点项目持续开展。2007年，北京市与科技部和中国保监会共同签署了《科技保险合作备忘录》，成为国内第一批科技保险创新试点城市；2012年，北京保险业与中关村知识产权促进局在中关村国家自主创新示范区开展专利保险试点。③推动重点、特色科创领域针对性保险项目，包括重点新材料首批次应用保险、首台套保险，并针对科创企业聚集地区提供针对性保险业务。

（二）面向中关村的支持政策

中国人民银行中关村支行采取的措施：①创新开展科技金融专营组织机构监测和评估工作，构建金融支持科创、民营小微企业发展长效机制。②加强科技金融政策宣传引导，搭建联络沟通平台。中关村中心支行创建"中关村金融创新讲坛"，搭建基层央行、政府部门、银行、企业四方交流的平台；建立辖内商业银行牵头行联系机制，从业务指导层面和管理服务层面，分别建立沟通联络机制。积极与中关村管委会、海淀区相关政府部门、辖内商业银行以及各类行业协会建立工作合作、政策传导和业务联络等机制，在科技金融、先行先试、数据共享、宣传培训等多领域开展合作。③为示范区内高新技术企业营造合理宽裕的货币金融环境，推动在中关村示范区设立再贴现窗口，引导金融机构助力民营和小微企业纾困。

中关村管委会采取的措施：①不断优化天使创投发展环境。一是吸引长期资本、耐心资本在中关村落地；二是引导投资机构投资中关村优质硬科技项目；三是推动设立创投领域科技专家委员会；四是强化对投资机构及所投项目的投后服务。②强化科技信贷融资服务。一是引导银行加大产品创新和服务力度；二是支持担保公司扩大科技担保规模；三是加强政策支持，如加强对首次贷款、中长期贷款、商票等科技信贷产品的贴息和风险补贴支持力度；四是加强对融资困难重点企业跟踪服务。③持续完善多层次资本市场建设。一是大力推动企业赴科创板上市；二是建立常态化企业上市挂牌服务体系；三是推进中关村科创企业综合融资服务计划；四是加强并购促进工作。④支持金融科技创新发展。一是积极落实《北京市促进金融科技发展规划（2018—2022年）》，推动北京金融科技与专业服务创新示范区建设；二是支持组建金融科技协会和联盟等相关组织；三是营造金融科技创新创业氛围；四是配合市金融监管局等部门发起设立北京金融科技研究院，着力打造开放性、公共性、尖端性金融科技公共研发平台。

第十九章 北京市科技金融发展中的问题

从北京市科技企业发展状况来看，国家主管部门、北京市委市政府和相关政府部门在金融支持北京科技企业发展方面做了很多工作，出台了一系列有针对性的政策措施，也取得了较好的效果。但总的来看，北京市科技金融发展仍然存在着"科创企业融资需求旺盛与有效金融服务供给不足"的矛盾。

一、需求侧：科创企业的特点导致其融资难

北京市科创企业存在显著的"三多三少"特征。一是中小企业多、大型企业少。以中关村国家自主创新示范区为例，其科技信息服务业中80%的企业为小微企业。二是企业软资产多、硬资产少。科创企业拥有的多为知识产权、专利等"软资产"，在价值评估、权利归属、处置流动等方面具有很大的不确定性，而银行交易接受的抵押资产多数是房地产、大宗原材料存货等固定资产或者实物资产。三是影响产业发展的因素多，比较成熟的外源融资模式少。企业的比较优势依赖人力资源，核心资产具有不稳定性。企业发展资金主要源于自身积累，信贷、债权等外源融资渠道不足。

上述制约因素特点导致科创企业的金融需求特征与传统融资模式存在多重错配：一是风险错配，科技型中小企业发展具有高风险性和高收益性特点，与金融机构风险要求错配。二是期限错配，科技型中小企业发展盈利周期长，与金融机构产品期限错配。三是对象和成本错配，一方面银行

信贷服务对象遵从"二八定律",主要为大企业服务,对小微企业的服务不足;同时,服务小微企业与服务大型企业的贷前流程基本相同,相对于贷款规模,资产管理成本、人员费用成本等因素导致商业银行向小微企业提供贷款的单位经营成本高于大企业很多。此外,在资本市场融资方面,科技型小微企业大多不具备足够的上市资格,也缺乏足够的规模和必要的担保,通过股票融资和企业债券融资面临较大困难。

二、供给侧:北京市科技金融服务质量有待提升

科技信贷方面。迄今为止,商业银行仍是中国金融体系的主体构成部分。但由于诸多原因,商业银行科技金融业务受到一系列掣肘,发展水平有待提高。就北京市而言,商业银行提供科技信贷方面,存在如下问题。

1. 信贷理念仍然滞后

大型商业银行仍然热衷于为大项目、大企业优先提供贷款融资服务,科技型中小企业的融资需求难以充分满足。

2. 银行科技信贷专业化程度仍需进一步提高

商业银行现有组织架构条块交叉,科技金融专营化组织机构建设不足,业务反应和处理效率不足,既懂金融又懂科技的跨领域团队和人才欠缺,区别于传统信贷的客户评选筛查机制及绩效考评机制不健全,风险控制技术与科技创新创业企业特征不匹配,风险控制工具创新手段明显不足等。以中关村示范区为例,其中商业银行同质化明显,在专业团队、业务产品、风险容忍等方面与科创小微企业特征不匹配,尽职免责、考核激励等部分差异化监管政策难以细化落地。2018年,中关村科技金融专营组织机构中超过一半(36家)的机构未能向拥有核心技术或知识产权的科创小微企业提供符合政策导向的科技信贷服务。

3. 银行信贷的基本要求与很多科技企业具备的条件不相匹配

科技型中小企业多具有轻资产、重投入和长周期等发展特点,但商业银行提供的各种债权融资方式中,还是以担保贷款为主,导致资产和收入

规模均在 1000 万元以下的科创企业，无轮在获取融资还是在降低融资成本方面都存在相当难度。

4. 科技信贷服务体系有待进一步优化

一是符合科创小微企业特点的信贷产品供给不足，以知识产权为例，2018 年，中关村科技金融专营组织机构发放的知识产权质押贷款在企业贷款余额中仅占 0.34%，需加大政策引导力度。二是中关村担保政策性功能有待进一步发挥。中关村担保公司注册资本金偏低，在信用评价模型、风险容忍度等方面针对科创企业特点的有关指标权重偏低，影响科技担保规模进一步放大。

科技保险方面。从科技保险大环境来看，目前科技保险在我国处于起步阶段，科技保险产品比较单一，科技保险创新严重落后于实际的市场需求，现有的科技保险产品还远远不能满足我国科创企业的发展需求。从北京市保险行业的情况来看，保险服务科创企业额能力有待提升。一些保险公司存在等靠要思想，对保险条款、费率的设计缺乏针对性，没有及时根据市场变化提供适合的保险方案。

科技资本市场方面。未来股权投资将成为科技金融的主流推动力，但现阶段风险投资活跃度有待提升：一是我国民间投资普遍接受的是短期投资，对于风险投资所需要的 5—10 年难以接受，虽然到时会获得超额利润，但短期内没有任何回报，一般投资者难以忍受；二是个人投资者不信任创业投资机构，这种不信任极大地影响和限制了产业投资行业的发展。就北京市而言，硬科技投资领域资本总量和长期资本供给不足：一是受经济形势下行、金融监管力度加大等影响，经投决会审议通过的北京科创基金子基金普遍存在尚未完成募资、未完成在中基协登记备案等情况，目前近九成子基金均未完成签约出资，基金组建进度慢。二是北京科创基金的政府引导作用有待进一步强化，子基金投资领域对中关村重点产业的聚焦度、关联度以及产业链延伸度等方面有待进一步提高。

三、外部环境：北京市科技服务环境有待改善

一是鼓励科技金融发展的相关配套政策支持相对滞后。科技创新日新月异，对金融服务的需求也不断发展，很多商业银行、担保、融资租赁等金融投资机构都在积极调整产品结构，创新服务模式，但由于受资金审批、管理备案、国有资产监管等诸多因素影响，统筹协调难度大，导致知识产权质押、纯信用授信、应收账款融资、股债联动等融资问题长期得不到根本解决，需要在风险分担、利益共享等机制建设方面进行创新与突破。

二是中间服务专业性不强，服务水平和人才队伍亟待提升。很多金融机构不愿意参与科技金融的一个重要原因是对"硬技术"看不懂，在没有明确现金流的前提下，他们更希望有专业的机构或专家去增信或者背书，充当"翻译"的角色。目前大部分服务机构专业能力不强，专业队伍缺乏，市场接受度不高，造成服务机构成长和人才发展相对较慢，难以满足科技金融的中间服务的专业性、体系化需求。

二是市场信息不对称，融资供需统筹对接平台缺乏。目前，全市层面缺乏科技投融资领域的公共信息平台，市场对接不充分。一方面，金融机构难以获取企业信息或成本过高。每年中关村大量新创办或没有贷款记录的种子期、初创期企业缺少信用记录，科创小微企业征信体系尚不健全，小贷公司、融资租赁等金融信用信息未全部纳入征信系统，企业工商、税务、司法等企业经营数据需进一步整合。另一方面，科创小微企业由于规模偏小，缺乏有效的信息发布和获取渠道，其金融服务需求难以及时被金融机构知晓，对于金融机构融资产品和服务等信息了解也较少。

第二十章　北京市科技金融发展的几点建议

金融服务是一种市场（商业）行为，其基本规律是公平交易，互利双赢。商业银行等金融机构需要为提供的金融服务得到与其承担的风险和付出的成本相匹配的收益。这也是商业银行等金融机构对广大储户和广大（股权和债权）投资者负责所必须坚持的原则。同时，只有那些按照市场价格（成本）得到金融服务并取得成功的科技企业，才能够在市场经济的环境下生存发展。而政府的作用，就是为金融机构、为科技企业服务创造出一个公平有效、公正合理的市场环境与法治（监管）环境（包括有效地提供需要由政府提供的各项公共服务）。基于上述基本原则，本报告就改进北京市科技金融服务提出如下几点建议。

第一，进一步完善企业的营商环境，加强政策落实力度。具体包括：

（1）在政策和监管方面，对各类企业做到一视同仁。检查和发现仍然在事实存在的对不同企业的歧视行为并加以消除，为所有企业提供一个平等的竞争与发展环境。这样才有利于真正有竞争力的科技企业脱颖而出。

（2）继续加强信息平台建设，如社会征信体系、企业信息平台、政府政策公示平台等，以降低科技金融供求双方的信息不对称。科技企业融资能否成功，融资成本能否降低的关键是资金供求双方是否相互信任，以及是否了解和知晓相关政策。供求双方的信息不对称降低了，相互更加了解了，同时也能够清楚地知晓政府出台的各项降低科技企业融资成本的政策并加以利用，融资成本自然会降低，融资的成功率也自然会提升。

（3）加强现有政策的落实力度。近年来相关部门针对科技金融问题做了大量工作，出台了许多支持科技企业的政策。建议建立和完善跨部门协调机制，加强跨部门合作，梳理现有政策，并跟踪研究政策实施绩效，制定相应的保障措施，保障相关政策更有效率地落实。

第二，以市场规律为基础，针对企业特点有效地使用政府资金，制定相关政策。首先，对于处于种子期、初创期的科创企业，其数量庞大、分化严重、失败概率高、信息处理难度大，政府的资金支持可以通过引导资金的方式进入创投基金，由创投基金以市场化的方式自主选择微小科创企业进行投资。政府的决策应该主要放在选择哪些创投基金作为引导资金的投入对象，而不是具体参与所投资的创投基金的项目投资决策。其次，对于初步创业成功的科创企业，其技术特点和发展前景相对比较清晰。政府可以根据国家产业政策和北京市的发展规划的指引优选一些企业建立重点支持的科技企业库，在上市融资、银行信贷、债券发行等方面对符合国家产业政策和北京市发展特点，特别是那些弥补国家技术和创业发展短板，具有国际先进水平和竞争力的企业给予一些针对性的支持[①]。最后，进入成熟期的科创企业，其规模相对较大、盈利较为稳定、管理水平较高。政府应适度扶持此类企业，但主要应放手让企业自主决定其融资方式和融资数量。

第三，积极探索开展多项政策试点，为科技金融创造更加科学合理的监管环境。依托"部市合作""先行先试"机制，积极向中央金融单位争取在中关村地区探索实施监管沙盒，适当简化市场准入流程，豁免部分监管规制适用，在激励约束、贷款审批、不良贷款容忍度、拨备和核销等方面实行差别化监管。允许科创金融产品在试点区域、指定的客户范围进行测试和快速落地运营。在风险可控及确保消费者权益的前提下，适当提高风险容忍度。财政、税务等相关部门共同研究出台支持银行等金融机构对科创企业开展业务的财税支持政策，重点对小型和微型科创企业金融服务实行差异化的财税激励。

---

① 目前政府已经有了一些措施，如对于科创企业贷款的政府风险补偿等。

第五篇　首都金融创新发展问题研究

导言

本篇考虑北京城市定位、国家经济金融改革前景，重点研究并形成了"北京金融产业研究""全国及北京科技金融发展问题研究""金融驱动文化产业发展研究""全国金融要素市场发展研究""全球CBD研究"五个分报告。

北京金融产业主要集聚在北京朝阳区，尤其是国际金融业态和新金融业态，所以基于更好聚焦从金融产业的角度发挥金融驱动京津冀协同发展，本部分以北京朝阳区金融产业为研究标的，研究了优化北京金融业实现创新驱动发展，本部分主要是"十三五"规划的研究成果，部分数据并非最新数据，但其思路和观点仍值得借鉴。基本思路：通过进一步发挥商务中心区作为国际金融机构主聚集区的功能定位，以总部经济为依托，以提高全球资源配置能力为着力点，聚焦国际金融事业，大力发展国际汇兑、结算、信贷，以及资产与财富管理等国际金融业务，强化北京国际金融主体功能，推动产融发展，构筑高端化的国际金融发展生态链，加快建设具有全球影响力的国际金融主聚集区，引领提升首都金融业的国际地位和话语权，更好地服务首都城市战略定位，承载（北京对外交往的窗口）国家金融对外开放的窗口，承载中国与世界经济联系的节点的功能。

第二十一章 北京金融业发展回顾

近年来北京充分抓住国内外经济金融格局新变化和我国经济发展战略转型的重大机遇，金融业发展迅速，体量急剧扩张，机构集聚度迅猛增长，产业影响力、贡献力显著增强。国际金融特色突显，传统金融进一步巩固，新兴金融茁壮成长。在北京CBD国际金融机构主聚集区实现跨越发展的基础上，进一步提高了国际化水平，提升了金融业发展质量，完善了金融服务社会经济发展的方式和手段，提高了朝阳区国际金融主聚集区的影响力和辐射力。具体表现在，金融机构体系不断健全，集聚效应进一步显现；外向型金融业务不断拓宽，国际金融加快发展；金融市场体系进一步健全；配套服务功能明显改善，金融发展环境持续优化。

一、金融机构体系不断健全，集聚效应进一步显现

1. 金融业规模不断扩大

截至2014年年末，朝阳区金融机构总数已达1415家，比2010年年底增加202家，平均每年增长超过50家，完成了每年引进40—50家金融机构、金融机构数量达到1400家的目标。2014年，朝阳区金融业实现增加值477.2亿元，同比增长7.6%，年均增长率为14.3%，超过金融业增加值年增长率保持在10%左右的预期目标，占地区生产总值的11.0%，对经济增长的贡献率为10.9%，占北京市金融业GDP的14.4%。2014年，朝阳区金融业实现税收230.5亿元，同比增长28%，提前超额完成税收170

亿元的目标；税收实现 27.1% 的年均增长率，大幅度超过 12% 的目标。2014 年，朝阳区金融业实现区级财政收入 53.3 亿元，提前超额完成区级收入 35 亿元的目标，区级收入实现 29.8% 的年均增长率，大幅度超过 12% 的目标。2014 年 1—11 月，朝阳区实现营业收入 2847.3 亿元，同比增长 22.8%；利润总额 1778.1 亿元，同比增长 21.9%；资产规模总计 39841.9 亿元，同比增长 26.8%。

2. 金融结构更加完善

2011—2014 年，新引进金融机构 202 家，注册资金总计达 411 亿元。其中，法人机构 86 家，占新落户机构的 42.6%；外资金融机构 48 家。至此，朝阳区金融机构总数已达 1415 家，占全市的 25%；法人金融机构 311 家，占全市的 33%；外资金融机构 300 家，占全市 65% 以上。银行业、证券业、保险业金融机构分别共有 817 家、169 家、297 家；此外还有股权投资基金、小额贷款公司、担保公司、融资租赁公司、投资咨询公司、典当公司、征信公司、货币兑换公司和要素交易所等多种金融机构和中介服务机构。朝阳区已经构建起比较完整的现代金融组织体系，金融组织层次不断升级，金融创新能力不断增强，多元化现代金融业态已经形成。

3. 新型金融业态发展迅速

英大基金管理公司作为首家落户朝阳区的公募基金、中关村科技租赁（北京）有限公司作为我国首家科技租赁示范企业以及江西铜业（北京）国际投资有限公司等一批新型金融机构在朝阳区聚集发展，起到了良好的示范带动作用；企业集团财务公司扎堆落户，2013 年中国银监会批准在北京设立的 6 家财务公司中有 5 家选址朝阳，中信集团、中材集团、首旅集团、中煤能源集团、北控集团等大型集团的财务公司在朝阳区正式开业，机构聚集效应进一步显著。

小额贷款公司和融资性担保公司发展迅速。朝阳区金融办坚持服务与监管并重，根据北京市相关管理规定，严格开展驻区小额贷款公司和融资性担保公司的筹建初审和日常监管工作，充分发挥其聚集民间资本、优化金融资源配置等作用，有效拓宽了中小企业的融资渠道。目前朝阳区小额贷款公司和融资性担保公司数量均居全市首位，成为朝阳区金融体系的重要补充。

二、外向型金融业务不断拓宽，国际金融发展加速

1. 外资金融机构加速聚集

朝阳区发展金融业始终把目光瞄准国际、国内两个市场，既重数量，更保质量。仅 2014 年就有苏黎世保险（中国）有限公司、汇丰银行北京分行、西班牙桑坦德银行北京分行、韩国企业银行北京分行以及马来西亚国家银行北京代表处等 8 家国际知名金融企业落户朝阳。截至 2014 年年底，全区外资金融机构达到 300 家，占全市 65% 以上，外资金融机构数量在全市保持绝对领先地位，区域国际金融影响力和承载力大幅提升。

2. 外汇管理改革试点工作成效显著

在相关管理部门支持下，朝阳区金融办积极推进跨国公司外汇管理改革试点工作，2014 年随着 ABB、康明斯等 8 家企业成功获批第三批试点资格，全区累计已有 16 家企业获得试点资格，占北京市获批试点企业总数的一半以上，占全国的 20% 以上。截至 2014 年，试点企业已陆续完成了国际外汇资金主账户、国内外汇资金主账户的开立，以及外债、对外放款额度向在京主办企业的集中，试点业务逐步展开。试点在跨国公司资金统一运营、跨境往来、轧差结算、外汇资金融通等多方面均有较大突破。试点的实施大大增强了试点企业的核心竞争优势，同时也进一步优化了地区国际投资、贸易环境，基本消除了跨国公司在京设立资金结算中心和财务管理中心的障碍，提升了金融促进总部经济的发展力度，为我国金融改革开放进行了有益的探索。

3. 海外业务加速拓展，国际化水平不断提高

区域内金融机构积极推进"走出去"战略，成效显著。从朝阳区金融业内外资增长统计结果看，CBD 国际金融引领发展特点明显。CBD 国际金融业在收入、利润增速方面的表现均优于内资金融业。以 2014 年 1—5 月

为例，CBD 国际金融业实现收入 157.4 亿元，同比增长 20.1%，高于内资金融业收入增速 11.4 个百分点，对 CBD 金融业收入增长的贡献率为 57.0%；实现利润 30.0 亿元，同比增长 30.4%，高于内资金融业利润增速 21.5 个百分点，对 CBD 金融业利润增长的贡献率为 38.7%。

三、金融市场体系进一步健全，服务实体经济能力明显提升

1. 要素市场不断壮大

朝阳区注重要素市场培育，要素市场不断发展壮大，影响力、辐射力不断增强，特色明显。截至 2014 年年底，北京市通过检查验收的交易场所共 35 家，其中朝阳区 7 家，数量位居全市第二。北京大宗商品交易所交易规模影响力不断提升，已经形成了集交易、定价、结算、信息、物流、管理为一体的大宗商品交易市场。文化要素交易市场活跃，北京国际版权交易中心、北京华彬艺术品产权交易中心等与区域承载的国家文创产业基地资源对接，发展潜力巨大。

2. 融资渠道继续拓展

北京积极拓展企业融资渠道，金融服务实体经济力度进一步增强。其一，积极引导小额贷款公司和融资性担保公司发展。仅朝阳区截至 2014 年年底，全区小贷公司累计达到 12 家，注册资本金总额 17.7 亿元，对支持"三农"和中小企业发展取得了一定的成效。截至 2014 年年底，全区小额贷款公司贷款余额 16 亿元，同比增长 41%，全年累计发放贷款 27.3 亿元，同比增长 15%，全年实现税收和区级收入分别为 6202 万元和 1503 万元，分别同比增长 35% 和 42%，获得了良好的经济效益和社会效益。截至 2014 年年底，朝阳区获得经营许可证的融资性担保公司 33 家，分公司 1 家，资产总额 114.6 亿元，注册资本总额 93.9 亿元，在保余额 202.2 亿元，有效缓解了小微企业融资难题。

其次，稳步推进股权投资基金业发展。一是加强政策引导。北京市金

融局及北京股权投资基金协会加强协调，推动市、区联动。二是加强信息收集。大数据分析网站、区内相关部门、工商及行业组织等多渠道收集企业信息，及时了解企业入驻和发展情况。

3. 企业上市步伐加快

积极推进企业上市工作。首先，如朝阳区推出了《朝阳区推动企业上市工作办法》（试行），提出建立拟上市培育期企业数据库、加强分类指导、完善企业上市金融服务体系、建立"绿色通道"、推动企业上市专项资金等措施推动企业上市进程。其次，采取"一企一策"的方式做好跟踪服务，为拟上市企业开具商请函，加快企业上市步伐。截至2014年年底，朝阳区共有上市企业50家，其中境内上市企业22家，境外上市企业31家（其中3家同时在境内上市），新三板挂牌企业22家。

四、配套服务功能明显改善，金融发展环境持续优化

1. 完成了"一区两园三中心"金融布局

朝阳区重点发展"一区两园三中心"的金融产业空间布局。其中，"一区"是指国际金融机构主聚集区；"两园"分别指北京CBD和金盏金融服务园区；"三中心"指国贸、华贸、环球金融三个金融中心。截至2014年年底，"一区两园三中心"的金融布局已经完成。

"一区"：截至2014年年末，朝阳区金融机构总数已达1415家。信诚人寿保险有限公司、中英益利资产管理公司、韩国国民银行法人银行、澳洲联邦银行北京分行、苏黎世保险（中国）有限公司、韩国企业银行北京分行、西班牙桑坦德银行北京分行等一批具有国际影响力的金融企业入驻，进一步突出了朝阳区国际金融聚集区的特色。

"两园"：2013年CBD功能区GDP超过1000亿元，占全区的60%，CBD中心区税收达到360亿人民币左右。2014年上半年，CBD中心区税收收入合计190.28亿元，同比增长5.44%，占全区的20.89%；CBD功能区范围内限额以上单位实现营业收入合计7326.7亿元，同比增长6.36%，

占全区总收入的比重超过60%；此外，CBD金融业也呈现出较好的发展态势，收入、利润稳中有升，增速呈现两位数的增长，均在全区之上。

金盏服务园区在"十二五"期间也逐步明确了发展目标和园区的初步发展：提出了园区新的功能定位——以高端金融服务为主题，商务、国际教育和宜居社区为配套，生态环境良好、低碳环保型的金融产业园区。2013年园区开始了全面的控规调整工作，同年6月，由市规划院完成园区控规调整的各项控制性指标。2014年对园区产业业态进行升级，建议园区的产业业态应由单一的金融后台产业升级为金融综合服务，金融创新研发为主，商业商务、国际教育、宜居社区为配套的生态型产业园区。园区目前已建成并投入使用的项目有中组部全国组织干部学院、东北师大附中、金盏国际金融中心项目（一期）、爱迪国际学校等项目。

"三中心"：三大国际金融聚集区是朝阳区为应对国际金融危机、提高金融机构聚集度而整体推出的专为国际金融机构量身打造的高品质发展空间，拥有优越的地理位置、优质的硬件设施、优良的配套环境和优惠的政策支持。目前看设计目标正逐步实现。其一，在国贸、华贸、全球金融中心已聚集200余家银行、证券、保险等各类金融机构，总部金融特色突出。华贸中心已有德意志银行、蒙特利尔银行、澳新银行北京分行、中德证券等国内外金融、投资咨询机构入驻。国贸中心已有中国国际金融公司、美国银行北京分行、法国再保险北京分行、马来亚银行北京分行、劳合社保险北京分公司等金融机构以及国际货币基金组织、世界银行等集中办公。信诚人寿、丰田汽车金融、渣打银行北京分行、瑞穗银行北京分行等多家国际金融机构已入驻环球金融中心。其二，入住机构个体体量不断扩大，质量提高。例如，中信信托有限责任公司增资88亿元，注册资金达100亿元；大众汽车金融（中国）有限公司增资12亿元，注册资金达30亿元；中国航空集团财务有限责任公司增资5亿元，注册资金达25亿元。

2. 专业服务机构蓬勃发展

会计审计、法律服务、资产评估、信用评级、财经资讯、服务外包等专业服务机构蓬勃发展。目前朝阳区共有小额贷款公司12家，数量位居全市各区之首；获得经营许可证的融资性担保公司 33 家，大量会计师事务集聚朝阳区入驻在 CBD 商区。

3. 区域金融发展环境持续优化

一是加大对金融机构支持政策的落实力度，及时受理一次性注册资金补助、购租房补贴等政策申请。二是加大对金融人才服务力度。启动了应届毕业生进京落户申请工作，为宝马汽车金融、英大基金等 10 家驻区金融机构提交了应届毕业生进京落户申请。同时，也要清醒地看到，北京金融发展还存在一些问题，突出表现在：一是金融业实力还不够强。从全区产业结构看，金融业税收贡献很大但增量不高，相需要进一步挖掘。二是金融市场不够活跃。从要素市场看，资源配置能力不够强，市场交易量不大，创新不够，影响力有待加快提升。从资本市场看，朝阳区在多层次资本市场中没有找到自身发展方向和定位，市场培育不够。三是国际金融机构聚集较多，但实际开展境内外业务有限，内外资金融机构的产出贡献比在 4:1 左右，国际化水平和国际影响力都不足。四是在金融业发展的内部结构中，缺乏具有核心竞争力的领域，各功能区金融产业发展有同质趋势，没有充分发挥错位发展优势，需要进一步对金融细分行业进行分析，结合自身优势，打造区域金融品牌。五是发展环境与国际金融发展要求还有很大差距，金融支持政策和金融生态环境都需要进一步完善和提升。

第二十二章　北京金融业发展形势、定位及思路

一、"十三五"后期至"十四五"金融业面临的发展特点

"十三五"后期是朝阳区金融业做大做强,由前期的"资源集聚、外延式扩张"向"高端发展、内涵式发展"、从极化效应向扩展发展的关键期和机遇期。"十三五"后期金融业发展将面临全球经济弱复苏,中国经济进入中高速发展,首都城市战略新定位,京津冀协同发展上升为国家战略,京津冀经济发展面临深度转型的大背景下。在这样的背景下北京金融业的发展不仅仅是北京的问题,也不仅仅是一个产业的问题,金融业发展必须主动适应和承载新时期国家金融改革创新、京津冀协同发展、北京城市新定位、经济深度转型升级的要求,顶层设计,改革创新,用新思维、新观点指导实践,金融业发展和资源配置应着眼于更大格局,不仅着眼于北京,更应着眼京津冀、全国和全球范围,增强影响力和话语权。

1. 新常态下,国家金融改革提速为北京金融业发展提供了难得的机遇期

在全球经济弱复苏背景下,金融在一个国家和地区经济复苏中的作用突显。从国家层面来看,中国经济处在结构调整、转型升级、提升其全球影响力的关键时期,以金融改革创新驱动经济结构调整和产业转型升级,以更大程度的金融开放提升中国经济的全球影响力,将成为国家经济发展

的必然选择，期间金融开放、改革、创新将会力度空前。积淀了大量优质国际金融资源，以国际金融为特色和优势的北京金融业将迎来难得的发展机遇期，北京金融业应承载起北京对外交往的窗口、中国经济与世界经济联系的节点功能。

2. 新定位下，首都城市战略定位为北京金融发展构建了新格局

首都城市新定位"全国政治中心、文化中心、国际交往中心、科技创新中心"，赋予朝阳区新的使命，北京金融业发展一方面必须承载并服务于首都文化中心、国际交往中心、科技创新中心的功能。另一方面，首都新的城市定位也给了以国际金融为特色的金融业发展更明确的定位和更广阔的发展空间。"国际化"将是"十三五"后期至"十四五"期间北京金融业发展更鲜明的特色。

3. 新战略下，京津冀协同发展为北京金融业发展提供了广阔空间

京津冀协同发展是新时期的国家战略，协同发展涉及资源配置、市场驱动。从区域协同发展经验看，金融业在区域协同发展中，不仅仅是一个产业，同时，也是实现区域协同发展的市场化的驱动力量，以金融改革创新发展北京金融业，将置身于京津冀协同发展的大格局中，在京津冀协同发展中谋划更大的布局。金融业将不仅仅是一个产业，同时将是京津冀协同发展市场化的驱动力量，北京金融业将在服务京津冀发展中迎来自身更广阔的发展空间。

4. 新目标下，建设国际一流的和谐宜居之都为北京金融发展提出了新要求

在新的国际国内环境下，北京经济深度转型将进入关键期，金融业的发展也将从初期以集聚资源为主、内涵式发展，向更大、更广阔范围的价值溢出转变，对内将服务与经济转型、城乡一体化、文化产业、科技产业等，实现金融产业对区内经济发展的价值溢出。对外将通过金融要素市场、金融机构服务业务向国外延伸，实现极化效应向扩展效应的转变。同时，建设国际一流的和谐宜居之都，要求金融业的布局也应向宜居宜业、产城融合的方向发展。

二、"十三五"后期至"十四五"北京金融业发展的优劣势分析

1. 有利条件

一是国际金融机构聚集,为深化发展奠定了坚实基础。朝阳区已经形成了以国际金融为龙头,以总部聚集为特征的金融业发展格局。截至2014年年末,朝阳区金融机构总数已达1415家,占全市的25%;外资金融机构300家,占全市67%以上。朝阳区已成为北京市国际金融机构聚集度最高、外资金融机构种类最齐全的区域。"十三五"以来势头发展得更猛,新的国际环境更加增强了北京对金融机构包括大型国际金融机构的影响力。

二是国家"一带一路"倡议的实施,金融海外业务爆发在即。"一带一路"是我国新一轮开放和走出去的重点,不仅是顺应中国经济发展新常态,也是世界经济发展的新常态,北京有望借力"一带一路",坚持引进来和走出去,加强与国际友城的合作,拓宽金融海外业务渠道。

三是首都城市发展进入新阶段,将为金融业发展创造良好的环境。随着首都"四个中心"战略定位的明确及经济发展新常态的到来,北京应主动把握和积极适应首都城市发展新阶段,研究制定促进金融业发展的多项政策,有利于更好更快地聚集金融机构、引进国际人才、加强信息交流,改善金融业发展环境。

四是经济转型发展加速,金融业发展大有可为。北京应把握经济新常态转型变化,按照高端化、服务化、集聚化、融合化、低碳化要求,加速区域转型发展,继续深化CBD改革,积极搭建金融与科技、文化等多产业融合发展平台,提升功能区的辐射带动作用,有利于更好地发挥金融对实体经济的支持作用,取得新的实质性进展。

2. 风险挑战

一是从全国看,国家金融对外开放的前沿阵地放在沿海,上海、天

津、广东、福建等省市都在开展自贸区试点，北京在国际金融市场开拓和份额的抢占方面都较为被动。与朝阳区金融业发展具有可比性地区域，还有上海陆家嘴等地区，它们在市场活力、政策优势、发展环境都方面都已经走在前面，需要奋力追进。

二是北京市各区县产业定位重叠，地区之间的竞争加剧。在北京市构建"高精尖"经济结构的指导下，很多区县都把发展金融业作为产业发展方向。据了解，全市16个区县，有10个以上要大力发展金融业，更加迫切地要求朝阳区结合资源禀赋和发展优势，找准金融细分行业的具体发展定位，做强核心竞争力。

三是"瘦身健体"将是新常态，CBD等高端产业功能区扩围可能性很小，而目前企业容量基本已经饱和，产业发展空间受限，而"腾笼换鸟"难度很大、成本很高。如何适应这种转型新常态，按照宜居宜业的思路，合理引导多点布局需要积极探索。

四是在北京在加强人口调控、环境治理的发展要求下，高端金融人才落户、住房、交通、医疗和子女教育等问题的解决难度加大。金融业发展需要城市规划、建设和管理都更加国际化、精细化和人性化。

五是在金融改革创新过程中，金融风险防控的压力在加大。伴随着国内经济下行压力的加大，以及金融创新力度的增强，尤其是新兴金融业态的发展，金融风险也将不断积累，金融违约、违法案件进入高发期。北京在积极推进金融业向更高端发展的同时，强化金融监管，对于树立良好的区域金融品牌形象尤为重要。

三、发展思路和战略定位

立足北京作为全国政治中心、文化中心、国际交往中心、科技创新中心的战略定位考虑，要坚持和强化核心功能、北京金融管理的职能必然进一步强化的大背景。应通过进一步发挥商务中心区作为国际金融机构主聚集区的功能定位，以总部经济为依托，以提高全球资源配置能力为着力点，聚焦国际金融事业，大力发展国际汇兑、结算、信贷，以及资产与财富管理等国际金融业务，强化国际金融主体功能，推动产融发展，构筑高端化的国际金融发展生态链，加快建设具有全球影响力的国际金融主聚集区。其一，支撑北京经济提质增效升级。其二，引领提升首都金融业的国际地位和话语权，更好地服务首都城市战略定位。其三，承载（北京对外交往的窗口）国家金融业对外开放的窗口，承载中国与世界经济联系的节点的功能。

北京金融业发展是在首都发展新时期适应新常态、落实新定位、迈向新目标的时代背景下开展的。新时期首都城市战略定位和发展目标，为北京金融业发展开启了新航程，翻开的新篇章。因此，今后北京金融业的发展无论从发展思路、发展方式，还是战略考虑、工作部署，都按照新常态、新定位、新目标的要求，结合北京金融业发展优势，进行现状梳理、全面反思和对比研究。体现首都城市战略定位和朝阳区作为核心功能拓展区的功能定位，强化规划的逐级落实和可实施性，坚持一张蓝图绘到底，继续以建设具有全球影响力的国际金融主聚集区为总目标，继续实施多年探索出来的一些正确经验和做法。同时，按照强化首都核心功能、促进转型发展的思路，在战略定位、实施重点、空间布局上进行调整，以利于更好地服从大局、落实定位。

在战略定位上主要是聚焦国际金融，做强国际金融主体功能。主要考虑以下三个方面因素：一是为了强化首都"四个中心"核心功能，金融发展不宜再以"多中心"作为定位，也不宜什么都要，什么都发展，搞大而全，应有取有舍，做强主业，与首都功能拓展区相适宜的"高精尖"经济结构相适应。二是立足北京金融业要素优势，强化国际金融独一无二的优势和功能，提升金融业的国际竞争力和影响力，发展成为国家金融对外开放的窗口，为首都核心功能服务。三是更加强调整个生态链条的建构。从国际经验看，伦敦、纽约、东京之所以在全球金融业中占据了核心地位，是因为它们本身也是国际贸易、国际商务非常繁荣的地区。发展高端国际金融，需要转变发展思路，不再简单地强调引进机构，而是"筑巢引凤"，创造良好的营商环境,加强高端商务服务配套,创造宜居宜业的生产生活空间,以此吸引更多金融企业、金融人才落地发展。因此,未来北京金融业的发展不仅仅就金融说金融,而是借鉴纽约、伦敦等先进城市经验,强调打造国际金融的生态区域,推动高端金融业更好发展。

从空间结构上重新布局,提出"一核两翼多点支撑"的空间布局结构。主要是考虑首都城市整体上要"瘦身健体",不宜继续走外延式扩张道路,今后一个时期无论是功能区扩围,还是搞高强度、高密度开发都难以获得市里审批。因此布局上应更多地从内涵挖潜,同时强调区域协调发展,多点布局,宜居宜业。内涵挖潜就是要做强做实CBD作为国际金融机构主聚集区的功能定位,完善国际金融发展生态环境,真正打造具有全球影响力的国际金融聚集区。目前该区域内还有很大比重的批发零售业,亟待"腾笼换鸟",为高端金融、总部经济腾出发展空间。多点布局一方面考虑了总部经济和文化创意等特色和优势都需要金融支撑,提出大力发展总部金融和文化金融,建设总部金融聚集区和国家文化金融试验区,因此提出两翼发展,正如鸟之两翼、车之双轮驱动全区经济发展的格局;另一方面考虑了产业分布发展的需求,尤其是高端产业功能区,还有城乡一体化发展的产业支撑园区,适合金融点状布局。并且"一核两翼多点支撑"的布局也符合宜居宜业的现代规划理念,能够有效避免人口聚集、交通拥堵,有利于达成构建和谐宜居之都的目标。

第二十三章　构筑国际金融发展生态链

要实现北京金融业功能定位，构筑国际金融发展生态链至关重要，为此应注意做到以下几个方面。

一、以改革助推国际金融发展

进入新时期，金融业对内对外开放提速，国家将在健全多层次资本市场体系、发展普惠金融、鼓励金融创新等方面积极推进改革。应抓住国家新一轮金融改革机遇，积极适应跨国公司国内业务和国内大企业集团国际业务的发展和扩大，充分利用国际国内两个市场，争取适合在本区先行先试的国家金融改革试点落地，按照高效配置资源、有效防范风险的原则，以开放倒逼改革，以改革推动转型，激发国际金融发展的动力和活力，提升金融国际竞争力和影响力。

1. 继续深化外汇管理改革试点

"十三五"以来北京在全国率先试行跨国公司总部外汇资金集中运营管理。该项试点实现了北京市金融改革零的突破，形成可复制、可推广的模式。应在此基础上，进一步扩大政策覆盖面，将受益企业由跨国公司总部扩大所有内外资企业。同时，积极争取新的改革试点，进一步增强外汇资金账户管理、流动性管理和收付款管理功能，方便企业跨境调拨资金，提高资金使用效率。同时，创新体制机制，积极防控金融风险。

2. 积极建设人民币跨境投融资平台

随着人民币的国际化，人民币逐步有序地走向资本项目可兑换是国家金融改革发展的必然趋势。应立足商务中心区国际业务,稳步扩大金融市场对外开放,积极争取人民币资本项目可兑换在区内先行先试,鼓励发展相关的融资、担保、对外直接投资等跨境人民币业务。稳妥推进符合条件的境外企业发行人民币债券和股票。推动符合条件的金融机构加快拓展海外业务,提高区内金融机构服务国际投资者的能力。通过率先开展人民币国际支付结算改革,必然推动区内金融机构国际业务迅速发展,增强在国际经济金融中的地位和作用,甚至会对国际经济金融秩序和国际货币体系的稳定作出积极贡献,意义十分重大,应积极争取。

3. 积极利用自贸区试点政策借鉴上海经验进一步提升金融业竞争力

"十二五"末期,国务院印发了《关于推广中国(上海)自由贸易试验区可复制改革试点经验的通知》,全面部署了上海自贸试验区可复制改革试点经验在全国范围内的推广工作,指出能在其他地区推广的要尽快推广,并明确了可以在全国范围内复制推广的改革事项有28项。经过这么多年的探索试错,上海自贸区积累了更多的经验,北京应抓住机遇,抢占先机,主要争取金融领域、服务开放领域的改革事项,包括个人其他经常项下人民币结算业务、外商投资企业外汇资本金意愿结汇等;允许融资租赁公司兼营与主营业务相关的商业保理业务、允许设立外商投资资信调查公司等,以及社会信用体系、信息共享和综合执法制度等改革措施。通过复制推广改革经验,加快转变政府管理理念,着力完善市场体系,逐步构建与北京城市定位相适应的新体制、新模式,更好适应经济全球化、金融一体化的趋势,加快培育参与和引领国际金融合作竞争的新优势。

4. 积极搭建外汇结算交易平台

外汇交易是全球交易者共同参与的投资活动,最大的特点之一就是国际性。目前国内投资者有三种选择:一是选择国内商业银行,二是选择港台的外汇交易平台,三是选择最主流的国外外汇平台。大部分投资者选择的是第三者,因为国内这方面还未发展到很成熟的阶段。朝阳区发展国际金融,必须引入或培育专业的外汇交易机构,搭建适合我国国情的外汇交易平台,为跨国公司、国际商贸企业提供专业的资金预算、资金分析、融资管理、账户存款管理、资金结算、国际结算、票据管理等一体化资金管理服务，并通过与商业银行结算系统、核心业务系统无缝连接，全面提升国际集团企业的核心竞争力。同时，积极推进外汇衍生品发展，不断丰富外汇交易产品，满足不同投资者多样化的投资需求。

5. 促进国际金融机构更多开展实质性业务

因为国际环境倒逼，受制于国家金融管制，许多国际金融机构只是把办事处放在北京，或者仅是开展少量业务。"十三五"后期至"十四五"，应以自贸区改革的先行先试，促进区内金融机构拓展业务范围，推进符合条件的金融企业开展经营试点，推动外资金融机构开展实质性业务。积极推动中外金融机构深化战略合作，加快培育具有国际竞争力和行业影响力的金融机构，支持各类新型金融机构和金融中介服务机构发展，支持外资金融机构开展实质性金融业务。

二、大力发展总部金融

充分发挥中央企业总部、跨国公司地区总部等大企业集团聚集优势，支持企业做好内部金融服务的同时，推动金融服务功能外溢，形成以总部经济为支撑、以服务全球产业链条为内容的全球化资金配置体系。

1. 为总部企业"走出去"提供金融支撑

应抓住中央企业集团和有实力的大企业"走出去"爆发式增长的机遇，积极扩大服务企业对外贸易和国际投资的国际金融业务，如人民币和外汇资金的国际贸易结算、海外融资、境外并购等，积极推进企业资产国际化配置。支持区内央企和大型企业集团为了"走出去"设立各类金融机构，开展国际金融业务。

2. 支持总部企业财务公司壮大发展

跨国公司、央企总部和国有大企业集团派生成长起来的财务公司、投资公司、基金公司等，已经成为继信托之后非银行金融领域的一大板块。"十三五"时期财务公司行业继续保持较快发展态势。北京应发挥大企业集团财务公司聚集的优势，提高内部金融资源的调配能力，更好地增强资本管控能力。随着大企业集团全球业务开展，实现资金全球统一调配、投资、管理和使用，打造全球资本配置的策源地。支持企业集团把资金结算中心落在区内，通过支持由集团公司引入银行机制对集团控股成员实行统一结算、集中融资的资金集中管理模式，方便企业资金往来结算、资金调拨和运筹，提升对全球资金资源的控制力。

3. 实施资产管理全球化战略

支持资产管理、投资顾问、财务管家等类型的金融企业发展，为境内外的总部企业、跨国公司提供资管和投融资服务。以全球化的资产管理、投资顾问为纽带，推动金融国际接轨，打通买方和卖方市场，繁荣金融上下产业链条，助推投资银行、私人银行、私募基金、对冲基金、信托等各类上下游金融企业集聚发展，实现资本有效整合。

4. 继续吸引大型金融机构总部及其营运总部、功能性金融机构等国内外各类金融机构入驻

支持国内外银行、保险、证券公司在北京设立法人机构和分行分公司，鼓励大型企业财务公司、投资公司落户，强化总部金融特征，进一步增强国际金融机构主聚集区的影响力。同时，大力引进具有决策、投融资、结算、营销、采购、研发等功能的世界500强企业和跨国公司地区总部入驻，夯实总部金融发展的基础。

三、打造五大全球化金融产业链条

选择符合发展趋势、具有一定基础的重点领域，推动上下游金融企业聚集，培育提升金融产业价值链，增强区域发展竞争力。

1. 大力发展并购产业链条

适应国内企业并购快速增长，并购将成资本市场主旋律。据普华永道数据，2014年中国地区企业并购数量高达6899宗、交易金额4070亿美元，同比增长55%；中国企业海外并购也增长了30%以上。随着经济结构调整和产业转型升级深入推进，预计并购市场快速增长势头将会继续保持下去，并且科技、消费相关和金融服务行业成为战略投资者并购交易的重点行业。据统计，2010年至2013年A股IPO募集资金总额约是8626亿元，也就是说，2014年的并购总额是连续四年IPO募集资金总额的3倍多。随着国家对资本市场战略定位的提升，并购重组环境将更加优化。从国际经验来看，美国经历多次并购浪潮以后，大量并购案例不仅推动形成了美国现在极具竞争力的产业格局，也催生了大批因并购成长的金融巨人和产业链条。朝阳区应加快培育发展并购产业链条，提升金融服务国内外并购能力，在下一轮结构调整和产业升级中抢占并购市场份额。主要应围绕搭建并购平台、并购大数据、提供并购审批服务、并购融资等，构建并购产业链条，培育新型金融机构。积极争取设立亚洲并购交易所，大力支持并购基金等发展。加快聚集并购中介机构，支持并购公会、中小企业并购联盟等行业组织发展，制定并购市场的标准和规则，加强行业自律监管。完善并购交易师认证体系，建立中国并购仲裁中心，支持中国并购博物馆、全球并购研究中心等并购文化发展，建设并购生态。

2. 做大做强保险产业链

保险业是现代金融体系的支柱力量和现代服务业的重要组成部分，具有多方面保障人民群众生产生活，全方位促进经济社会发展的独特功能。从国外看，国际金融中心城市的保险业都极为发达。经过多年发展，在京保险业具备了很好的发展基础。应抓住国务院出台的《关于加快发展现代保险服务业的若干意见》明确了保险业的历史新定位、战略新部署和发展新要求的机遇，发挥朝阳区国内外保险机构聚集的优势，大力发展财产保险、人寿保险、养老保险、健康保险和再保险，支持国际保险公司在华总部和功能性总部落地发展，发展中外合资保险公司，吸引各类保险集团公司、互联网保险和保险功能性机构，促进保险业务创新，推动保险产品开发体系与国际接轨，打造保险业发展的战略高地。重点在以下四个方面取得进展：一是发展离岸保险。探索符合国际惯例的离岸保险业务税收政策、外汇管理政策和保险纠纷解决机制，为国际保险业务的发展营造市环境。二是完善再保险产业链。筹建保险交易所，支持设立中外再保险机构，发展跨境人民币再保险。三是推进保险资金运用，积极与国家保监会联系，争取保险资金跨境双向投融资试点，实现保险资金的全球化配置，优化保险机构投资结构、降低融资成本。支持保险资产管理机构聚集发展，推动保险资金参与京津冀协同发展、城乡一体化建设，完善投资管理制度，支持保险资金参与北京国有企业混合所有制改革。四是支持自保公司、相互制保险公司等新型保险组织发展，大力发展各类保险中介机构、专业服务机构和社团组织，不断优化保险业生态圈。

3. 打造财富管理产业链条

广义上提供财富管理的金融机构有银行、保险、信托、券商、基金、资管公司、咨询公司、三方理财、三方销售，还有现在互联网企业提供的众筹、P2P、宝宝军团等。随着企业和大众理财意识的不断提升和普及，朝阳区应围绕财富管理，顺应混业经营越来越明显的发展趋势，在平台、通道、品牌上下功夫，进一步聚集国内外财富管理机构，推动各类金融企业开展理财业务。继续发展传统的银行、证券、保险、基金、信托理财业务，支持财富管理新兴业态创新，促进家庭办公室（SFO/MFO）、风险投资（VC/PE/对冲基金）、投资银行、私人银行等非银行金融机构发展，推动国际上成熟的金融理财业务在区内创新发展。支持企业在海外股票交易所、国内主板、创业板、中小板上市交易，鼓励在新三板、区域股权交易市场挂牌，发展柜台交易，拓宽私募股权投资、风险投资退出渠道，鼓励理财咨询、培训机构发展，树立区域财富管理品牌，满足多层次、多样化金融理财需求，培育全球财富管理新优势。

4. 培育发展汽车金融产业链

汽车金融是消费者在购买汽车需要贷款时，可以直接向汽车金融公司申请优惠的支付方式。从国外看，汽车金融公司的利润收益贡献率平均占到汽车企业母公司利润的30%—50%。我国汽车金融市场已经多年发展，在此期间，我国汽车销量快速增长，汽车金融的渗透率却远远不够。主要原因除了国内消费者的消费意识和方式与国外不同，主要还在于汽车金融公司的资金来源主要是银行的资金拆借，导致我国汽车金融公司成本很高，并且国内汽车市场的不够成熟和信用体系不够健全等都加大了汽车金融的风险。实际上，我国汽车消费信贷有很大的发展潜力，根据中国汽车工业协会的预测，到2025年，中国汽车金融业将有5250亿元的市场容量，蕴藏着巨大的商机。"十三五"后期，应发挥外资汽车金融企业聚集的优势，发育汽车金融上下游产业链，打造企业金融总部聚集地。一是推动国内外汽车金融公司加快聚集，支持汽车金融公司提供综合金融服务，向汽车特别是新能源汽车研发设计、生产流通和消费等各个环节的资金融通拓展，从销售到售后全方位渗透，增强客户吸引力。二是构造汽车金融上下产业链，培育相关专业金融服务机构，包括资金筹集、信贷运用、抵押贴现、金融租赁，以及相关保险、衍生品和投资活动。三是建立个人征信系统。在国外，消费者办理购车贷款几十分钟就可以完成，而在我国，金融机构需要花大量时间了解消费者个人相关信息。应抓住我国个人征信加快构建的发展机遇，提前布局汽车消费信贷担保，条件成熟迅速占领汽车金融市场。

5. 大力发展互联网金融产业链

随着互联网金融规模不断壮大，以第三方支付等新兴金融业态快速崛起。一方面，阿里巴巴、腾讯、网易、百度、新浪等互联网巨头，以及通信运营商等大企业集团都在纷纷涉足金融业，不断推出新的互联网金融产品；另一方面，传统金融机构加快金融业务创新，通过网络向客户提供金融服务，同时利用互联网技术创新业务模式。互联网金融的快速发展，不断催生新业态、新服务与新模式，已成为未来金融业发展重要趋向。北京应超前谋划布局，率先抢占市场。一是积极打造互联网金融产业生态链。抓住互联网技术重构金融产业链条的历史机遇，吸引和培育各类互联网金融企业，支持传统金融企业开展互联网金融业务。搭建互联网金融平台，整合行业发展资源，加强传统金融企业、互联网企业、通信运营商等企业间的沟通交流，通过组合产业链上下游不同优势资源，实现互联网金融融合创新发展。二是出台相关制度规范互联网金融服务，完善互联网金融监管体系，建设互联网金融安全可信公共服务平台，推动大数据金融、云金融发展。开展非金融机构支付业务设施认证，构建金融监管体系和互联网安全防护网络与信息安全体系，加强金融消费者保护。三是支持互联网金融行业自律性组织发展，研究互联网金融行业发展规律，推动制定互联网金融行业发展规则和标准，引导行业健康规范发展。四是完善网络信用体系，对网上银行、移动支付等安全要求较高的业务推广电子认证应用，建立电子商务责任追溯机制和诚信监管体系，规范企业网上交易行为，完善网络消费环境。

四、加快要素市场国际化步伐

深度挖掘已有要素市场开发潜力，积极开发权益类要素市场和大宗商品类要素市场交易品种，做强做大要素市场，推动交易系统高效安全运行，提升国际影响力。同时，适应结构调整和创业创新，积极发展新的金融服务市场，推动高端要素聚集。

1. 发展大宗商品跨境交易和衍生品市场

大宗商品一般具有交易量大、价格变化快、周转运输周期长等特点，价格波动对商品的盈利水平影响大，尤其是采购及销售大宗商品之间存在着时间差，交易风险大。因此，发展大宗商品衍生品市场，通过套期保值（对冲交易）降低价格波动风险，借助相关融资工具化解短期资金流动性危机，是大宗商品企业维持生存发展的必要保证。由于大宗商品的定价权基本都在海外市场，在境外交易所进行套期保值是国内企业的唯一选择。而按现行政策，只有经国资委、证监会批准可以参与境外衍生品交易的部分国有企业，才可以持相应的许可证到商业银行完成与期货结算相关的结售汇业务；而未获得许可的大多数企业，则不能直接参与境外的期货交易。鉴于套期保值操作的重要性，国内大宗商品企业（未获参与境外衍生品交易资格的企业）只能选择在境内期货市场开展交易；或者在中国香港、新加坡等地注册分/子公司，以其作为主体参与境外期货交易。因此，在大宗商品交易市场方面，应在继续发展现货交易的同时，积极拓展三大新功能：一是发展衍生品交易市场，搭建衍生品电子交易平台，逐步与境外交易所接轨，方便境内大宗交易企业投资发展。二是支持将原有中远期交易模式向现货电子交易平台发展，开发在线融资模式，增加现货交易量。三是积极争取符合条件的区内金融机构和境内大宗商品企业按照规定开展境外证券期货投资试点，推动政策突破。通过拓展三大功能，以衍生品市场和电子交易平台为核心，加快聚集期货和衍生品金融机构，以及上下产业链条上的服务机构，尽快形成聚集效益。

2. 做大国际版权市场

以提升区域版权投资交易核心功能为重点，加速资本、产权、人才、信息等文化创意产业要素的合理流动。应继续加大对版权交易市场的支持力度，增强朝阳区作为国家级文化创意产业基地的影响力，健全专业化服务体系，积极推进文化创意产业版权、专利、商标、设计的资产化进程，逐步建立健全影视、音乐、广告、设计、艺术品等领域的要素市场发展体系。加强数字版权保护，发挥"版权评估委员会"作用，建立健全"版权价值评估""版权质押融资"平台，为原创作品提供全方位的版权保护、交易、评估及投融资等服务。积极承办"中国国际版权博览会""国际版权论坛"等大型论坛与活动，在国际舞台树立品牌形象。

3. 建设国际艺术品交易市场

积极举办国内知名高端艺术品展览和大型平台活动，发布艺术品数据指数，研发建设交易指数数据库和网络交易平台，开展文化艺术品国际交易，提升国际影响力。应积极开展艺术品拍卖活动，扩大品牌知名度，培育具有国际影响力的艺术品拍卖交易市场。

五、完善国际金融发展空间布局

在新的城市战略定位下，应本着高端引领、集约高效、绿色低碳的理念进行设计。在全市控制开发强度、加强人口调控的大背景下，商务中心区也面临着升级换代、转型发展的迫切需求。特别是在商务中心区、核心区已基本建成，核心区写字楼满租率高。同时，交通拥堵、环境治理等发展难题越来越突出。因此，今后北京更应向内涵式发展要空间。金融业具有占地面积小，收入、税收贡献度大的特点，商务中心区转型升级的方向，就是按照市场规律，逐步腾退出效益较低的批发零售业，发展金融业、会计、法律等商务服务。因此，北京应在在朝阳区全域范围内加速推进具有全球影响力的国际金融主聚集区建设，整体按照"一核两翼多点支撑"进行布局。

"一核"，即在CBD核心区规划建设光华国际金融城，推动国际金融机构聚集发展。着力建设国际金融商务楼宇，加强基础设施配套，完善商务环境，实现高端金融要素集聚，主要吸引国内外金融法人机构或分支机构、监管部门、全国性或区域性总部，以及国内外有较大影响的信用评级、资产评估、融资担保、投资咨询、会计审计、法律服务等与金融相关的中介服务机构的总部、区域总部和分支机构入驻，打造总部机构密集、功能完善的国际金融集聚区。以良好的国际金融发展生态环境，构筑五大全球化的金融产业链，提升国际金融核心竞争力。

"两翼"，一是在金盏园区大力发展总部金融，主要聚集总部企业财务公司、资产管理、财富管理及财务顾问等为总部企业服务的金融机构聚集，打造具有国际影响力的资产管理、财富管理聚集区。二是在定福庄国际传媒走廊大力发展文化金融。结合国家级文化创意产业园区建设，积极开展文化金融试点示范，争取建设国家文化金融试验区。加快文化要素市场建设，完善配套设施，增强金融服务功能，提升国际形象和品牌效应，形成金融机构和市场集聚区。

"多点支撑"，包括奥林匹克中心区、电子城、温榆河、垡头等重点区域的金融机构分布格局。

六、提升金融国际影响力

抓住国际金融标准、信用、话语权等关键点，积极而为，力争突破，提升核心竞争力和国际影响力。

1. 建设国际金融标准策源地

能否参与制定国际标准，意味着能否掌握国际上的行业话语权。随着金融创新发展，近年来，我国在移动金融与金融 IC 卡、支付业务统计、电子化信息披露等重点领域发布了一系列重要国家、行业标准，目前现行有效的金融国家标准有 44 项，金融行业标准有 117 项，覆盖了银行、证券、保险、印制、信托、征信、支付、统计等业务领域，有效地支持了金融业务发展，但一些国家、行业标准迫切需要与国际接轨，一些新创建的标准可以争取成为国际金融标准，从而提升我国在国际金融标准化领域的话语权和影响力。朝阳区作为国际金融机构主聚集区，是我国参与制定国际标准的前沿阵地，理应在国际金融标准的研究和制定上发挥作用，有效消除国际技术壁垒，引领、促进和支撑金融国际化发展，这也是提升金融国际竞争力和影响力的核心。今后应更加注重支持企业贯彻国际标准的同时，鼓励企业紧密跟踪国际金融标准最新动态和热点，积极参与创建国际标准。特别是在互联网金融等创新领域，参与标准制定并形成国际标准的可能性较大，应加大支持力度，帮助沟通协调，抢占发展制高点。

2. 建设与国际接轨的信用评级体系

现代市场经济就是信用经济。随着市场化程度的提高，国内征信产业发展迅速。北京应抓住民营机构征信业务"开闸"的发展机遇，着力搭建平台，支持本土评级机构发展，开展企业信用评级和个人信用评分，推动与国际接轨。在推进征信产业化过程中，建设创新领域的评级标准和体系，抢占发展先机，扩大市场话语权。同时，继续支持吸引国内外信用评级机构入驻，为金融和社会发展提供资信服务。

3. 提供国际金融资讯服务

金融资讯主要靠市场来提供专业的服务，国际上，彭博、路透两家企业从金融数据起家，逐步拓展到金融信息、资讯；国内 Wind 资讯、同花顺、大智慧等也建立起金融数据、实时资讯、行情报价、分析模型等资讯系统，占据了市场份额。因此，在传统的金融咨询服务领域，北京并没有突出的优势资源。基于国际金融发展,必然需要全球最新适时的发展动态、信息数据。应利用现代化信息技术,整合企业资源和信息资源,引入大数据分析,建设国际金融咨询网络综合平台。通过一定时期的数据积累,根据金融企业需求,推动大数据金融、云金融等新的商业模式。借势社交网络平台,建立国际金融资讯公共网站,通过微博、微信适时发布区域性的金融咨询,建设智慧楼宇,为金融企业聚集发展营造良好的公共环境。

4. 支持设立国际金融仲裁院

随着国际金融、国际商务功能不断提升,无论是国内市场逐渐国际化,还是中国企业到境外拓展业务,都将面临越来越多的国际商事纠纷,需要与之匹配的更专业化、高端化、国际化的国际金融仲裁品牌,尤其是对于可供执行财产在境内的国际商事纠纷,选择境内的仲裁机构比选择境外的仲裁机构,会更多地得到法院在财产保全、裁决执行上的便利和保障。应发挥北京国际仲裁中心位于 CBD 的优势,支持设立国际金融仲裁院,制定符合国际惯例、适应中国国情的金融仲裁规则,受理国际金融商事仲裁案件,有效处理解决国际、国内经济金融争议纠纷,打造具有国际影响力的金融仲裁品牌。

5. 发展金融服务外包

近年来,在金融外包领域,随着离岸外包和整个经营过程外包业务的崛起,金融企业从外包中获得的利益大大提高,金融外包成为国际外包市场的主流。随着我国金融领域逐步开放,国内金融企业必须了解国际金融外包动态,借鉴国外金融外包的经验,把现有的资源集中到核心业务上去,形成自己的核心竞争力。应支持国际金融服务外包的高端核心业务发展,鼓励设立有竞争力的服务外包金融企业,支持区内金融企业拓展国际业务,在全世界范围内整合资源,利用其他地区的优质低价资源,发展自己的次优业务,利用自己拥有的核心资源拓展自身的最优业务,并在最优业务上实现规模经济,提升核心竞争力,赚取更多的利润。

6. 全面加强境内外金融交流合作

立足首都金融管理的职能定位，在京沪、京津、京港等金融互补、互助、互动关系作用下，完善区域交流与合作机制，加强在金融市场、机构、产品、业务、人才等方面的交流合作。支持区内企业在其他省区市设立分支机构，鼓励跨区域发展，扩大金融企业的影响力和辐射力，尤其要加强与津冀合作，推进区域金融一体化发展。支持朝阳区企业参与纽约、伦敦、新加坡等国际金融中心的业务往来，积极寻找合作机会，建立国际交流合作平台，探索建立长期战略合作关系。加强国际交流合作，创新交流合作机制。积极实施"走出去"战略，积极参与境外金融机构的并购，不断扩大国际影响力。

7. 营造国际金融文化

金融文化环境和氛围的建设，对于国际金融要素的集聚非常重要，尤其是金融机构和高端金融人才非常重视这一点。同时，良好的金融文化环境能极大地促进金融创新，加速金融高端要素的聚集。与国际有影响力的金融中心相比，北京的金融文化环境建设、金融文化氛围方面仍有差距，国际金融集聚区的整体文化形象，文化特征没有显现出来。今后，一是要加强国际金融集聚区文化的整体设计、包装和宣传，制定国际金融文化建设规划。二是充分利用金融博物馆的资源优势，举办国际金融文化周，开展系列金融文化活动，树立金融文化品牌。三是打造国际金融论坛品牌，吸引国际性、专业性金融服务组织和研究机构，支持开展国际金融研究，搭建国际交流平台，争取每年都能围绕热点、前沿话题发出权威声音，提振区域影响力。四是鼓励各种金融研讨会、座谈会、洽谈会等国际会展活动在区内开展，促进政府、金融机构和社会组织之间的交流与合作，广泛开展国际交流，支持设立永久会场，做好服务保障，树立品牌形象。五是在国际金融核心聚集区建设一批小图书馆、小展馆、小剧院、金融酒吧等项目，营造在休闲中工作的金融文化氛围。

第二十四章　加大金融创新力度，更好发挥服务支撑作用

进一步落实首都城市战略定位、加快建设和谐宜居之都的重要时期，北京应加快转型步伐，积极构建"高精尖"经济结构。金融作为现代经济的核心，是转型高端化发展的重要支撑。金融在服务实体经济、服务城市转型的过程中，必须不断创新金融产品和服务模式，更好地发挥金融的资产配置和融资服务功能，全面提升金融服务水平。一方面，应鼓励和引导银行金融机构改善资金供给，优化信贷结构，保持信贷较快增长。积极创新和灵活运用各种贷款方式，确保重点建设项目、重点企业的资金供应，重点支持重大基础设施、基本公共服务体系建设、生态环境建设、保障性安居工程、"一绿"和"二绿"城市化建设、科技文化创新和战略性新兴产业等领域发展，保持贷款投放的连续性和稳定性。另一方面，应加快企业上市步伐，支持符合条件的上市公司再融资，发展债券融资、股权投资，支持小额贷款和融资担保，进一步扩大直接融资比重。

一、金融支持文化创意产业发展

结合国家级文化创意产业聚集区建设试点，积极探索文化金融发展的多种模式，建设文化金融要素市场，满足文化创意产业发展的金融需求。

1. 搭建文化创意企业投融资信息平台

建立文化创意企业基本信息和信用体系，整合银行、小额贷款公司、担保公司和中介机构，按照信用等级提供增信服务，鼓励针对文化创意产

品提供金融产品和服务创新，推动文创企业金融需求与金融机构服务供给相对接。

2. 设立文化创意产业发展基金

委托专业机构运营文化创意专项资金，发挥杠杆作用，撬动更多社会资金投入。同时加强资金监管，引导向中小型文化创意企业倾斜。

3. 加强文化创意企业信贷支持

支持虚拟资产评估机构发展，为区内文创企业的知识产权作出合理评估。鼓励探索版权质押、票房质押等新兴担保方式，支持银行业务创新，开发更具针对性的文化创意产业信贷产品，健全文化产权交易市场，方便具有自主知识产权的文创企业进行融资。

4. 支持文化创意企业直接融资

充分利用债券市场，鼓励文化创意企业发行企业债、公司债、中小企业集合债等，给予一定承销收费补贴。鼓励文化创意企业利用资本一级市场，推动文化创意企业上市融资、"新三板"挂牌，创造有利条件推动企业整合重组，促进企业快速发展。

二、金融支持非首都核心功能疏解、推动京津冀协同发展

落实推动京津冀协同发展重大国家战略，完善朝阳区与津冀地区的金融合作机制，拓展合作领域。支持区内法人金融机构跨区域开展业务和跨区域并购重组。

1. 加强与津冀地区金融合作交流，提升区域影响力

在更大区域范围内，推动金融市场、金融支付体系、金融信用体系、金融基础设施建设等方面的合作，增强朝阳区金融服务京津冀、服务全国的功能和作用。加快融入和积极推进京津冀金融一体化进程，加强银行、证券、保险、担保等各类金融机构的跨区域合作，搭建区域金融发展平台，实现金融资源的跨区域优化配置，使北京成为京津冀协同发展的投融

资枢纽，拓宽金融业的发展空间。

2. 金融支持非首都核心功能疏解

今后一定时期，北京市都将按照首都城市功能疏解清单，逐步将非首都核心功能向外疏解。疏解过程中，无论是拆迁补偿、人员安置、新项目建设，都离不开金融支持。无论是本区的疏解项目，还是全市其他区县的疏解项目，都可以引入专业金融机构，研究提出具体可行的融资方案，一些可以市场化的项目应推向社会，借助社会资本的力量完成功能疏解；一些具有半公益性质的项目，可以采取 PPP 公私合营的模式，以少量的政府资金引领社会资本完成功能疏解。

三、金融支持经济转型发展

1. 金融服务城乡一体化发展

城乡结合部城市化建设试点经验表明，推进城乡一体化发展的融资需求十分巨大，必须结合城市化试点不同模式，量身定制有针对性的金融产品和服务。要积极探索农村集体建设用地及房屋抵押，在推动人的城镇化过程中，探索土地要素有条件的流转，解决城乡一体化发展的资金需求。支持各类银行、保险、证券、股权投资、信用担保公司等对村镇集体经济组织开展高端理财服务，帮助集体资产保值增值。

2. 发展中小企业融资服务体系

完善中小企业融资担保体系和贷款风险补偿机制，推动中小企业信贷服务创新，提高中小企业新增贷款占全部新增贷款的比重。支持中小企业发行集合债券、集合贷款信托，引导社会资金为中小企业提供融资支持，探讨银保联手破解中小企业融资难问题的途径和方式，帮助中小企业充分利用资本市场做大做强。加快中小企业融资服务网络平台建设，为中小企业提供融资政策咨询、融资申请受理等综合服务。

3. 金融支持民生改善

推动财政与金融相结合，畅通信息渠道，促进银政企良好沟通协作，支持社会民生发展。建立沟通协调机制，加强信贷项目对接，区政府及时发布保障房建设等重点工程、环境建设、民生工程等项目情况，组织金融机构了解信贷政策调整及金融创新产品实施情况。建立民生领域贷款专业担保公司，将教育、医疗、农村基础设施、保障房建设、社会福利、社会保障、助学等客户对象都纳入担保范围，实施担保费率补贴和贷款贴息。探索银团贷款模式，集中各家银行的资金及管理优势，向民生领域提供更为有效的金融服务，充分满足民生领域的资金需求。

四、创新和拓宽融资方式

1. 全面发展货币市场

在支持信贷业务发展的同时，大力发展银行间同业拆借、同业存放和票据融资等短期融资市场。扩大辖内金融机构进入银行间债券市场和同业拆借市场的主体范畴和交易规模，推动非金融企业进入银行间债券市场交易，积极发展电子商业汇票业务，为票据市场运作提供公平、合理、透明的交易平台。

2. 大力推动企业上市融资

建立和完善拟上市企业资源库，建立市、区联动的上市资源培育机制，提高拟上市企业质量。鼓励优质企业到境内外上市，鼓励上市公司并购重组，做大做强。支持业绩优良的上市公司通过配股、增发新股、发行可转债等方式，扩大融资规模，提高再融资能力。抓住"新三板"创新发展的有利时机，推动更多企业挂牌，实现股权融资。

3. 大力发展债券市场

鼓励符合条件的金融机构到境内外发行金融债券，提高金融资源配置能力。支持非金融企业到境内外发行企业类债券，扩大债券发行规模。鼓励企业灵活运用短期融资券、中期票据、集合债券、集合票据等融资工具，降低融资成本，拓宽融资渠道，减少企业经营风险。

4. 积极发展各类股权投资

在风险可控的前提下,支持民间资本参与各类股权投资,建立和完善设立登记、备案管理、政策扶持与监管体系。探索建立多元化的股权投资退出机制,促进股权投资市场规范健康发展。

附　录

附录一：《北京上市（上市储备）公司发展现状、特点及竞争力分析》

为深入贯彻落实习近平总书记两次视察北京重要讲话精神，北京市第十二次党代会进一步明确了新时期首都发展要求和未来五年的目标任务，疏解非首都功能、提升核心功能和发展水平将是北京工作的"主旋律"。在疏解提升大背景下，北京不仅要发展，而且要发展好，迫切需要积极探索发展的实现路径。本报告以北京地区上市公司和拟上市公司为研究对象，全面梳理产业发展现状和空间布局，试图解决上市公司疏解提升的困惑，并在市域范围和京津冀范围内作出要素配置的合理安排，从一个新的视角提出北京如何当好"菜心"，实现金融更好服务实体经济、打造经济发展新高地的战略意图。

一、研究背景

本研究基于如下背景：其一，深入贯彻落实习近平总书记两次视察北京重要讲话精神，明确了北京"四个中心"城市战略定位和建设国际一流和谐宜居之都的发展目标，北京发展进入疏解提升新阶段。其二，落实京津冀协同发展国家战略，发挥北京"一核"作用，带动形成具有较强竞争力的世界级城市群。其三，按照减量发展的要求，构建"高精尖"经济结构，北京要做"菜心"、不做"白菜帮子"。其四，落实新修改的北京城市总体规划（2016—2035年），调整优化城乡用地结构和空间布局，提高可持续发展能力。

二、北京上市公司发展的现状分析

(一) 北京上市公司发展总体状况

作为国家首都,北京的上市公司呈现央企众多、总部经济发达的地区经济发展业态。而完整的产业链、合理的产业布局,以及这种规模化、蓝筹化的企业发展态势,将助力北京地区经济的腾飞。

北京地区上市公司数量和融资规模一直在全国处于领先地位。从数量上看,截至 2016 年年底,北京地区 A 股上市公司 299 家,占全国上市公司的 10%,美股上市公司 56 家,占美股中国上市公司总和的 27.5%,香港 H 股上市公司 57 家,占香港 H 股大陆上市公司总和的 10%;从体量上看,北京地区 A 股上市公司市值占全国上市公司总市值的 25%,北京地区美股上市公司市值占全国美股上市公司市值的 24.8%,北京地区香港 H 股上市公司市值占全国香港 H 股上市公司市值的 7%。数量众多、经济体量庞大的上市公司成为促进北京经济腾飞的基石。

1. 北京地区上市公司数量和规模下降明显

截至 2017 年 8 月底,北京地区共有上市公司 488 家,较 2015 年年底增加 47 家,增速达 10.4%。北京地区上市公司总市值为 21.9 万亿人民币,平均市值 456.36 亿人民币。与 2015 年年底数据相比,二者分别下滑了 4% 和 13%,上市公司数量上涨的同时经济体量却有所下降(见附表 1 – 1)。

附表 1 – 1　　　2016—2017 年北京地区上市公司概况

时间	上市公司总数(家)	总市值 (人民币/亿元)	平均市值 (人民币/亿元)
2015.12.30	441	229996.60	520.35
2017.08.31	488	219963.74	456.36

来源:BBD2017.08。

2. 北京地区上市公司行业覆盖面广、集中度高

截至 2017 年 4 月底,在证监会发布的《上市公司行业分类指引》(2012 年修订)细分 89 个行业门类中,北京地区上市公司共涉及 59 种细分行业领域,行业覆盖率达 66%。同时,从上市公司数量角度看行业集中度高,软件和信息技术服务业以及计算机、通信和其他电子设备制造业上市数量最多,分别为 63 家和 41 家,两者合计占北京上市公司总数的 21.31%。其次是房地产业、医药制造业、互联网和相关服务、土木工程建筑业以及专用设备制造业,这五个行业上市数量均为 20 余家,合计占比为 25.20%(见附表 1-2)。

附表 1-2   2017 年北京地区上市公司行业分布数量概况

行业名称	该行业企业数目(家)	占北京地区上市公司总数比率(%)
软件和信息技术服务业	63	12.91%
计算机、通信和其他电子设备制造业	41	8.40%
房地产业	29	5.94%
医药制造业	27	5.53%
互联网和相关服务	25	5.12%
土木工程建筑业	22	4.51%
专用设备制造业	20	4.10%

3. 北京地区上市公司行业分布在国内同行业集中度情况

从北京地区各行业上市公司占国内上市企业数目比率来看,餐饮业和教育业分别有 6 家和 10 家上市企业,占全国行业内上市数量的比重高达 85.71% 和 83.33%,具有明显的行业聚集现象。对于废弃资源综合利用业来讲,全国 5 家上市企业中有 3 家落户毕竟地区,占全国同行业总数的 60%。此外,保险业、石油和天然气开采业、货币金融服务和研究和试验发展分别有 5 家、5 家、17 家和 3 家聚集北京地区,占全国行业上市公司总数的 50% 以上(见附表 1-3)。

附表1-3　　2017年北京地区上市公司行业分布集中度

行业名称	北京企业数目（家）	全国企业数目（家）	占比（%）
餐饮业	6	7	85.71%
教育	10	12	83.33%
废弃资源综合利用业	3	5	60.00%
保险业	5	9	55.56%
石油和天然气开采业	5	9	55.56%
货币金融服务	17	33	51.52%
研究和试验发展	3	6	50.00%

4. 2017年北京地区上市公司行业竞争力分析

将各行业的营业收入作为行业竞争力的衡量指标，分析北京地区行业发展竞争力。

从上市公司营业收入规模来看，石油和天然气开采业的营业收入为89250.97亿元，营业收入全国占比为18.86%，两者均居北京地区行业竞争力首位；其次是货币金融服务业，营业收入为61387.68亿元，营业收入全国占比为12.97%；此外营业收入在万亿人民币以上的行业还有土木工程建筑业、燃气生产和供应业以及保险业，它们的营业收入分别为37011.10亿元、17044.61亿元和15172.33亿元，均具有较强的行业竞争力（见附表1-4）。

附表1-4　　2017年北京地区上市公司行业竞争力概况

行业名称	营业收入合计（人民币/亿元）	营业收入全国占比（%）
石油和天然气开采业	89250.97	18.86%
货币金融服务	61387.68	12.97%
土木工程建筑业	37011.10	7.82%
燃气生产和供应业	17044.61	3.60%
保险业	15172.33	3.21%

5. 北京地区上市公司地域分布特点

以北京市A股上市企业为例，可以看出北京地区上市公司在各区分布无论数量还是体量都严重不均。从上市公司数量来看,海淀区上市公司数量最多,拥有124家上市公司,占总数比重高达41.47%,排在第二梯队的是朝阳区和西城区,分别拥有32家和31家上市公司,占总数比重为10.70%和10.37%。第三梯队为昌平区、房山区、怀柔区、门头沟区、密云区、石景山区、顺义区、通州区,这些行政区划上市公司数量共占上市总量的26%,上市公司数量最少的延庆区只有新华保险一家上市企业。

从上市公司总市值也就是经济体量来看,朝阳区以50280.34亿元人民币远超于其他区,占总市值比重也达到36.69%之多。海淀区拥有最多的上市公司,但是其总市值仅为26364.45亿元,只有朝阳区的一半左右。上市公司总市值较少的为房山区的220.74亿元和密云区的126.83亿元。此外,朝阳、东城、西城和海淀四区合计占据了91.34%的企业总市值,其他11区的上市企业不论数量还是规模都远逊于此。

就上市公司的平均市值来看,朝阳区也以1621.95亿元人民币领先于其他各区。排在第二位的是只有一家上市公司的延庆区,其平均市值就是新华保险的市值,为1249.39亿元。平均市值最小的为房山区,上市公司的平均市值仅为55.18亿元(见附表1-5)。

附表1-5　　　　　2017年北京市上市企业地域分布

注册地	上市企业数量(家)	各区上市企业市值总和(人民币/亿元)	平均市值(人民币/亿元)	各区市值占总市值比重(%)
昌平区	11	1719.06	156.28	1.25%
朝阳区	32	50280.34	1621.95	36.69%
大兴区	21	2981.33	141.97	2.18%
东城区	20	23361.52	1229.55	17.05%
房山区	4	220.74	55.18	0.16%
丰台区	22	1653.3	78.73	1.21%
海淀区	124	26364.45	216.10	19.24%
怀柔区	2	485.17	242.58	0.35%
门头沟区	4	560.61	140.15	0.41%

续表

注册地	上市企业数量（家）	各区上市企业市值总和（人民币/亿元）	平均市值（人民币/亿元）	各区市值占总市值比重（%）
密云区	2	126.83	63.41	0.09%
石景山区	9	1224.96	136.11	0.89%
顺义区	14	1424.49	109.58	1.04%
通州区	2	232.6	116.30	0.17%
西城区	31	25161.42	898.62	18.36%
延庆区	1	1249.39	1249.39	0.91%

（二）北京上市公司行业分布优势及典型企业分析

1. 行业分布优势及特点

截至 2017 年 4 月底，北京地区共有上市公司 488 家。这些上市公司分布在 59 个不同行业中，行业的覆盖率较高。

从上市公司的数量上来看，在软件和信息技术服务业的上市公司最多，有 63 家，占北京所有上市公司的 12.91%；其次是计算机、通信和其他电子设备行业，北京地区有 41 家上市公司，占比为 8.40%。除这两个行业以外，房地产业、医药制造业、互联网和相关服务、土木工程建筑业、专用设备制造业这五个行业在北京的上市公司数量都在 20 家以上（见附表 1-6）。

附表 1-6　　北京上市公司行业分布数量（前十）

行业名称	北京企业数量（家）	占北京地区上市公司总数的比例
软件和信息技术服务业	63	12.91%
计算机、通信和其他电子设备制造业	41	8.40%
房地产业	29	5.94%
医药制造业	27	5.53%
互联网和相关服务	25	5.12%
土木工程建筑业	22	4.51%

续表

行业名称	北京企业数量（家）	占北京地区上市公司总数的比例
专用设备制造业	20	4.10%
货币金融服务	17	3.48%
商务服务业	15	3.07%
资本市场服务	14	2.87%

从市值上看，有六个行业的市值超过了一万亿元，分别是货币金融服务、石油和天然气开采业、土木工程建筑业、燃气生产和供应业、互联网和相关服务、保险业，其中，货币金融服务的总市值最大，为4.88万亿元，占北京上市公司总市值的22.20%，石油和天然气开采紧随其后，占比为17.81%（见附表1-7）。

附表1-7　　　　北京上市公司行业市值分布（前十）

行业名称	行业在北京地区的总市值（万元）	占北京地区所有上市公司市值的比例
货币金融服务	488386495	22.20%
石油和天然气开采业	391797326	17.81%
土木工程建筑业	146895963	6.68%
燃气生产和供应业	146713112	6.67%
互联网和相关服务	131917539	6.00%
保险业	109051848	4.96%
电力、热力生产和供应业	87478219	3.98%
资本市场服务	66447248	3.02%
计算机、通信和其他电子设备制造业	65525146	2.98%
软件和信息技术服务业	65116372	2.96%

从平均市值看，石油和天然气开采业、货币金融服务业、保险业、燃气生产和供应业这四个行业的平均市值达到千亿元以上，其中石油和天然气开采业的平均市值达到0.78万亿元（见附表1-8）。

附表 1-8　　　　北京上市公司平均市值情况（前十）

行业名称	平均市值（万元）	行业名称	平均市值（万元）
石油和天然气开采业	78359465	电力、热力生产和供应业	6729094
货币金融服务	44398772	土木工程建筑业	6677089
保险业	21810370	铁路、船舶、航空航天和其他运输设备制造业	5755376
燃气生产和供应业	18339139	互联网和相关服务	5276702
煤炭开采和洗选业	9787348	资本市场服务	4746232

2. 优势行业及竞争力

从上市公司的营业收入来看，营业收入超过万亿元的行业有石油和天然气开采业、货币金融服务业、土木工程建筑业、燃气生产和供应业、保险业（见附表1-9）。

附表 1-9　　　北京上市公司行业营业收入（前十）

行业名称	营业收入（万元）	营业收入全国占比
石油和天然气开采业	892509700	18.86%
货币金融服务	613876800	12.97%
土木工程建筑业	370111040	7.82%
燃气生产和供应业	170446127	3.60%
保险业	151723310	3.21%
电力、热力生产和供应业	55202125	1.17%
电信、广播电视和卫星传输服务	36191660	0.76%
铁路、船舶、航空航天和其他运输设备制造业	35985323	0.76%
资本市场服务	35925501	0.76%
商务服务业	33629344	0.71%

按照行业的利润总额，煤炭开采和洗选业，房地产业，互联网和相关服务代替燃气生产和供应，铁路、船舶、航空航天和其他运输设备制造业，商务服务业位列前十，其他七个行业不变。

所以北京的优势行业集中在金融业、采矿业和信息传输、软件和信息服务业。

（1）金融业。北京是大型国有银行的集中地。金融业主要包括货币金融服务、资本市场服务、保险业和其他金融业四个行业，在这四个行业里北京分别拥有17家、14家、5家、1家上市公司。特别是在货币金融服务行业，17家上市公司全是银行，而且以大型国有银行为主，总市值达到4.88万亿元，占该行业全国上市公司总市值的94.8%，占据主导地位。而在保险行业，北京上市公司的总市值为1.09亿，占全国的56.5%。所以，北京的金融资源非常丰富，金融业的发展也很迅猛，属于北京的优势行业。

（2）采矿业。北京是采矿业公司总部的集中地。北京的采矿业公司在北京上市公司中占据了非常重要的地位，但是北京并不是国内主要的矿产区。采矿业主要包括石油和天然气开采业、煤炭开采和洗选业、金属冶炼和压延加工业、开采辅助活动业这几个行业。而石油和天然气开采业，因为北京拥有中国石油和中国石化两家巨头，所以总市值达到3.91万亿元，占全国此类上市公司总市值的98%。而煤炭开采和洗选业，总市值0.39万亿元，占全国的47%，所以，属于北京的优势行业。

在产业链的方面，北京的采矿业的上市公司覆盖了全产业链，特别是上中下游都覆盖的上市公司的占比很大。

（3）信息传输、软件和信息技术服务业。北京是高科技企业的集中地。这个行业主要包括电信、广播电视和卫星传输服务，互联网和相关服务，软件和信息技术服务。其中，北京市在软件与信息技术服务行业的上市公司数量最多，为63家。主要因为这一类的上市公司多为中小型的高科技民营企业，所以总市值并不大，但是依托于北京数量庞大的大专院校和科研院所，发展潜力很大。而电信、广播电视和卫星传输服务和互联网和相关服务这两个行业都位于北京上市公司行业利润排行前十位，所以，信息传输、软件和信息服务业这一行业也是北京的优势行业之一。

总体来说，北京的优势行业主要集中在大型国企和高科技公司这两个部分。

3. 产业链情况

北京是全国的政治中心、文化中心、科技创新中心,所以北京上市公司有两个特点:第一,人均产出很高,竞争力很强;第二,公司的总部和核心部门在北京,制造环节在其他地区。

4. 潜力行业

高科技行业的发展潜力最大。包括软件和信息技术服务业,专用设备制造业,计算机、通信和其他电子设备制造业等。北京截至2017年4月,一共有488家上市公司,按照利润的同比增长率降序排列,前100的公司中,软件和信息技术服务业有10家公司,计算机、通信和其他电子设备制造业有9家公司,专用设备制造业有6家公司(见附表1-10)。

附表1-10 按照利润同比增长率降序排列前100的北京上市公司行业分布(前5)

行业名称	企业数量(家)
软件和信息技术服务业	10
计算机、通信和其他电子设备制造业	9
专用设备制造业	6
房地产业	5
非金属矿物制造业	4

把北京上市公司按照营业收入的同比增长率降序排列,前100的公司中,软件和信息技术服务业有21家公司,计算机、通信和其他电子设备制造业有11家公司,房地产业6家公司(见附表1-11)。

附表1-11 按照营业收入同比增长率降序排列前100的北京上市公司行业分布(前5)

行业名称	企业数量(家)
软件和信息技术服务业	21
计算机、通信和其他电子设备制造业	11
房地产业	6
互联网和相关服务业	4
生态保护和环境治理	3

所以，北京上市公司中发展比较快的潜力行业多集中在软件和信息技术服务业，计算机、通信和其他电子设备制造业这两个高科技行业。

（三）北京上市公司竞争力分析

1. 情况说明

（1）本部分主要分析的标的是截至 2017 年 8 月 17 日北京地区 A 股上市公司。北京地区的上市公司包括三类，分别是境内上市公司、港股上市公司、美股上市公司，其中境内上市公司又包括 A 股和新三板两大类；新三板公司规模普遍偏小，相比 A 股上市公司不具有竞争优势，难以成为行业的领头羊；港股和美股上市的公司由于数据缺乏严重，无法进行全面对比分析。

（2）数据来源主要有大数据公司的统计信息、实地调研获得的信息、从网络获得的公开信息。

（3）本部分的分析思路是：选出北京竞争力排名前 20 的行业，然后从这 20 个行业中选 10 个符合北京定位的行业，再从这 10 个行业中选出每个行业最具竞争力的公司进行分析。

2. 北京地区行业竞争力排名情况

北京上市公司所涉及的行业共有 52 个，具体排名情况如附表 1－12 所示。

附表 1－12　　　　　　　　北京行业竞争力排名

排名	行业名称	北京企业数（家）	全国企业数（家）	占比
1	土木工程建筑业	16	68	23.5%
2	货币金融服务	9	25	36.0%
3	房地产业	17	128	13.3%
4	石油和天然气开采业	2	6	33.3%
5	计算机、通信和其他电子设备制造业	35	316	11.1%
6	保险业	2	6	33.3%
7	电力、热力生产和供应业	7	67	10.4%
8	煤炭开采和洗选业	3	27	11.1%

续表

排名	行业名称	北京企业数（家）	全国企业数（家）	占比
9	软件和信息技术服务业	49	175	28.0%
10	铁路、船舶、航空航天和其他运输设备制造业	5	37	13.5%
11	非金属矿物制品业	9	86	10.5%
12	航空运输业	1	12	8.3%
13	有色金属冶炼和压延加工业	3	65	4.6%
14	商务服务业	12	43	27.9%
15	医药制造业	12	195	6.2%
16	专用设备制造业	13	189	6.9%
17	广播、电视、电影和影视录音制作业	5	22	22.7%
18	汽车制造业	2	112	1.8%
19	生态保护和环境治理业	5	24	20.8%
20	化学原料和化学制品制造业	2	220	0.9%
21	有色金属矿采选业	3	25	12.0%
22	纺织服装、服饰业	3	37	8.1%
23	互联网和相关服务	10	42	23.8%
24	资本市场服务	2	34	5.9%
25	零售业	7	89	7.9%
26	黑色金属冶炼和压延加工业	1	31	3.2%
27	批发业	6	73	8.2%
28	建筑装饰和其他建筑业	5	28	17.9%
29	金属制品业	2	57	3.5%
30	电气机械和器材制造业	7	210	3.3%
31	酒、饮料和精制茶制造业	3	41	7.3%
32	农副食品加工业	1	45	2.2%
33	电信、广播电视和卫星传输服务	2	15	13.3%
34	住宿业	1	7	14.3%
35	水的生产和供应业	2	15	13.3%
36	其他制造业	1	19	5.3%
37	装卸搬运和运输代理业	1	4	25.0%
38	开采辅助活动	5	14	35.7%
39	新闻和出版业	2	22	9.1%
40	专业技术服务业	7	35	20.0%
41	燃气生产和供应业	1	18	5.6%

续表

排名	行业名称	北京企业数（家）	全国企业数（家）	占比
42	食品制造业	1	40	2.5%
43	仪器仪表制造业	6	46	13.0%
44	家具制造业	1	20	5.0%
45	农业	1	17	5.9%
46	道路运输业	2	34	5.9%
47	综合	1	18	5.6%
48	印刷和记录媒介复制业	1	11	9.1%
49	餐饮业	2	3	66.7%
50	渔业	1	10	10.0%
51	通用设备制造业	1	129	0.8%
52	其他金融业	1	9	11.1%
总计		299	3021	9.9%

从排名前20的行业中选择符合北京定位的十个行业，这十个行业分别是：土木工程建筑业、货币金融服务、计算机、通信和其他电子设备制造业、软件和信息技术服务业、商务服务业、医药制造业、专用设备制造业、广播、电视、电影和影视录音制作业、汽车制造业、生态保护和环境治理业。这十个行业中北京地区公司数为158家，全国共1057家，占比14.95%见附图1-1。

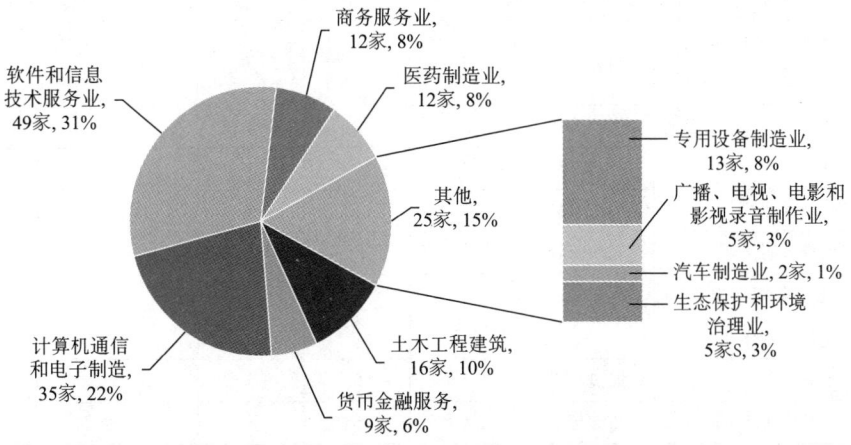

附图1-1 所选十个行业各公司数和所占比例

3. 所选十个行业中代表性公司竞争力情况

十个行业中所选的代表性公司列于附表1-13。

附表1-13　　　　　十行业中所选代表性公司

序号	行业名称	代表性公司名称
1	土木工程建筑业	中国化学
2	货币金融服务	工商银行
3	计算机、通信和其他电子设备制造业	同方股份
4	软件和信息技术服务业	华胜天成
5	商务服务业	中青旅
6	医药制造业	华润双鹤
7	专用设备制造业	万东医疗
8	广播、电视、电影和影视录音制作业	中国电影
9	汽车制造业	福田汽车
10	生态保护和环境治理业	高能环境

对以上所选十家公司的分析主要包括创新力、竞争力、增长性、质量效应、综合实力五方面的全国排名，具体见附表1-14。

附表1-14　　　十个行业中所选代表性公司各方面排名情况

行业名称	代表性公司名称	创新力全国排名	竞争力全国排名	增长性全国排名	质量效应全国排名	综合实力全国排名
土木工程建筑业	中国化学	4	20	20	20	20
货币金融服务	工商银行	14	14	14	4	14
计算机、通信和其他电子设备制造业	同方股份	3	3	3	3	3
软件和信息技术服务业	华胜天成	2	2	2	2	2
商务服务业	中青旅	3	3	3	3	3
医药制造业	华润双鹤	1	1	1	1	1
专用设备制造业	万东医疗	1	1	1	1	1
广播、电视、电影和影视录音制作业	中国电影	7	1	17	6	3
汽车制造业	福田汽车	5	5	5	5	5
生态保护和环境治理业	高能环境	5	5	5	5	5

从附表1-14可以看出，所选的这10家公司在全国行业中的排名都在前20，表明北京上市公司在全国有很强的竞争力；这10家公司50%都是服务业，这与北京以服务业为主的经济结构相吻合，并且所涉及的制造业都是需要高端技术和高端人才行业，这符合北京的新定位；虽然货币金融服务业的创新性和增长性远落后其他行业，但是总体规模是非常大的，截至2017年8月17日，北京地区A股上市的货币金融服务业的企业总市值为4.37962万亿元，全国A股上市的货币金融服务业的企业总市值为6.61445万亿元，北京占比66.21%，货币金融服务已经成为北京的支柱产业。

（四）北京非上市公司储备情况分析

1. 非上市公司的概念界定

本次报告中将北京非上市公司分为三大部分：拟上市公司、上市储备公司、潜在上市公司。

拟上市公司：指处在拟上市待审核股票、IPO审核未通过股票、IPO审核通过尚未发行股票、正在发行的股票、已发行待上市股票、IPO审核通过暂缓发行股票的公司。

上市储备公司：指达到在主板中小板创业板上市条件却未上市的公司。

潜在上市公司：指最近两年连续盈利，最近两年净利润累计不少于1000万元，且持续增长，或者最近一年盈利，且净利润不少于500万元；最近一年营业收入不少于5000万元，最近两年营业收入增长率均不低于30%的企业。

截至2016年年底，北京地区的非上市公司共有630家（未上主板中小板创业板以及新三板）。

2. 非上市公司数据分析方法说明

此次委托大数据公司对北京非上市企业进行筛选、并对其所在地域、行业进行分类。分类方式主要为：按注册地址划分行政区域；按新证监会89个行业分类，对于潜在上市公司与达到上市条件公司在新证监会二级行业分布情况,没有明确的行业分类则不计算。

3. 北京拟上市公司情况

截至 2016 年年底,北京拟上市准备的公司共有 86 家,其中有 53 家处于拟上市待审核股票的状态;24 家企业处于 IPO 审核未通过阶段;5 家处于 IPO 审核通过尚未发行阶段,2 家企业处于已发行待上市股票状态,其余两家分别处于 IPO 审核通过暂缓发行股票、正在发行股票的阶段。

(1)地域分布特点:各区分布不平衡,海淀区数目占优。按拟上市市场情况来看,北京 86 家拟上市公司中有 47 家将在创业板上市,占比 54.7%;25 家将在主板上市,其余 14 家将在中小板上市。按照企业所在区位分布来看,分布极不平衡,海淀区的拟上市企业数目明显多于其他各区,32 家中以创业板为主;朝阳区位居第二,总计为 13 家拟上市企业;房山区与延庆区均未有拟上市公司(见附表 1-15)。

附表 1-15　　　　　　　　拟上市公司分布情况

公司区位	创业板(家)	中小板(家)	主板(家)	总数(家)	比例
海淀区	25	3	4	32	37.2%
朝阳区	5	3	5	13	15.1%
西城区	1		5	6	7.0%
大兴区	4	1	1	6	7.0%
密云区	2	1	1	4	4.7%
丰台区	1	2	1	4	4.7%
东城区	2		2	4	4.7%
昌平区	3		1	4	4.7%
通州区	1		2	3	3.5%
顺义区	1	1	1	3	3.5%
怀柔区	1	2		3	3.5%
石景山区		1	1	2	2.3%
平谷区			1	1	1.2%
门头沟区	1			1	1.2%
总数	47	14	25	86	100%

(2) 行业分布: 科技推广和应用服务业占优。截至 2016 年年底, 北京市 86 家拟上市公司中行业分布较为集中, 前 12 大行业共计 76 家, 占比 88.4%。其中科技推广和应用服务业数目排名第一, 共 40 家拟上市企业, 占总体比例的 46.5%, 远高于其他行业数目 (见附表 1-16)。

附表 1-16　　拟上市公司跨行业分布情况 (排名前 12)

行业	拟上市公司数 (家)	比例
科技推广和应用服务业	40	46.5%
软件和信息技术服务业	8	9.3%
文化艺术业	5	5.8%
医药制造业	4	4.7%
商务服务业	4	4.7%
房地产业	3	3.5%
广播、电视、电影和影视录音制作业	2	2.3%
仓储业	2	2.3%
零售业	2	2.3%
新闻和出版业	2	2.3%
批发业	2	2.3%
土木工程建筑业	2	2.3%
前 12 总计	76	88.4%

4. 上市储备公司情况

截至 2016 年年底, 北京上市储备公司共有 348 家, 其中符合主板 (中小板) 上市条件的企业 202 家, 符合创业板条件的 271 家 (见附图 1-2)。

(1) 地域分布特点: 城区占比高, 集中于海淀区; 郊区占比低, 各区较平均。符合主板 (中小板) 上市条件的企业城六区共有 155 家, 其中 96 家集中于海淀区, 占比 62%, 相较之下石景山区上市储备企业数目仅 3 家; 十大郊区共有 47 家, 仅占总数的 23%, 其中延庆区无符合主板的上市储备企业。符合创业板上市条件的企业中城六区共 231 家, 其中 147 家集中于海淀区, 占比城区的 64%, 远高于占比 18% 位列第二的朝阳区; 郊区总计 40 家上市储备企业, 仅占比 15%, 十大区分布较为平均, 门头沟区与延庆区储备相对稀缺，仅一家（见附图1-3）。

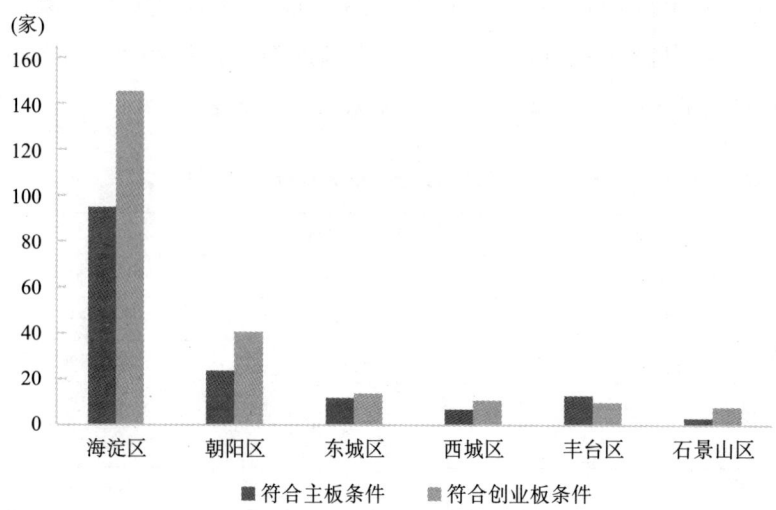

附图1-2 城六区上市储备企业数目比较

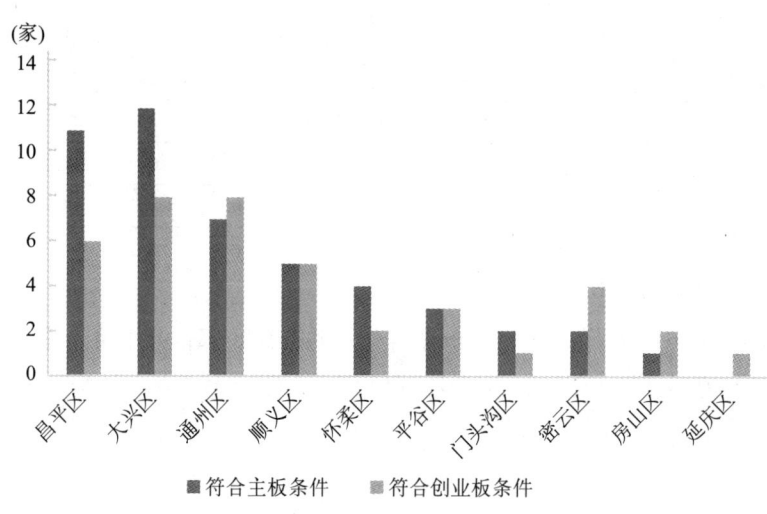

附图1-3 郊区上市储备企业数目比较

（2）净资产情况特点：海淀区总和排名第一，西城区均值第一。截至2016年年底，海淀区符合主板（中小板）上市条件的企业净资产总和约548亿元人民币，占比35.6%。西城区仅有7家企业符合条件，但其净资产总和位居第二,高达 371 亿元人民币、占比 24.1%;平均净资产约为 53 亿元,位列第一(见附表 1-17)。

附表 1-17　符合主板(中小板)上市条件的企业净资产情况

区位	数目(家)	比例	净资产总和(人民币/万元)	比例	平均净资产(人民币/万元)
海淀区	96	47.5%	5478509.0	35.6%	57067.8
西城区	7	3.5%	3709128.6	24.1%	529875.5
东城区	12	5.9%	1738574.9	11.3%	144881.2
朝阳区	24	11.9%	951048.7	6.2%	39627.0
昌平区	11	5.4%	693045.8	4.5%	63004.2
大兴区	12	5.9%	689857.6	4.5%	57488.1
石景山区	3	1.5%	602004.7	3.9%	200668.2
顺义区	5	2.5%	449133.7	2.9%	89826.7
丰台区	13	6.4%	413331.0	2.7%	31794.7
通州区	7	3.5%	220820.8	1.4%	31545.8
平谷区	3	1.5%	165965.2	1.1%	55321.7
怀柔区	4	2.0%	116658.2	0.8%	29164.6
门头沟区	2	1.0%	69607.9	0.5%	34804.0
密云区	2	1.0%	62921.6	0.4%	31460.8
房山区	1	0.5%	44172.2	0.3%	44172.2
总计	202	100.0%	15404779.9	100.0%	76261.3

截至 2016 年年底,海淀区符合创业板上市条件的 147 家企业净资产总和约 391 亿元人民币,占比 31.5%。西城区 11 家企业净资产总和约 372 亿元人民币,紧随其后,占比 29.9%,均值高达 34 亿元,明显高于其他各区(见附表 1-18)。

附表 1-18　符合创业板上市条件的企业净资产情况

区位	数目(家)	比例	净资产总和(人民币/万元)	比例	平均净资产(人民币/万元)
海淀区	147	54.2%	3912813.8	31.5%	26617.8
西城区	11	4.1%	3721686.2	29.9%	338335.1

续表

区位	数目（家）	比例	净资产总和（人民币/万元）	比例	平均净资产（人民币/万元）
朝阳区	41	15.1%	1118128.2	9.0%	27271.4
东城区	14	5.2%	849280.6	6.8%	60662.9
石景山区	8	3.0%	749633.9	6.0%	93704.2
昌平区	6	2.2%	455816.4	3.7%	75969.4
大兴区	8	3.0%	448988.4	3.6%	56123.5
顺义区	5	1.8%	428541.3	3.4%	85708.3
密云区	4	1.5%	202747.1	1.6%	50686.8
平谷区	3	1.1%	165965.2	1.3%	55321.7
丰台区	10	3.7%	144839.1	1.2%	14483.9
通州区	8	3.0%	120490.3	1.0%	15061.3
怀柔区	2	0.7%	61341.2	0.5%	30670.6
房山区	2	0.7%	29838.0	0.2%	14919.0
门头沟区	1	0.4%	11073.7	0.1%	11073.7
延庆区	1	0.4%	8250.1	0.1%	8250.1
总计	271	100.0%	12429433.5	100.0%	45865.1

（3）行业分布特点：软件和信息技术服务业、互联网和相关服务业占优（见附表1-19）。

①符合主板（中小板）上市条件的企业中软件和信息技术服务业共36家，占比17.8%，互联网和相关服务业共22家，占比10.9%，明显高于其他行业的上市储备数目。

②符合创业板上市条件的储备企业中软件和信息技术服务业共75家，占比27.7%，互联网和相关服务业共36家，占比13.3%。

③计算机、通信和其他电子设备制造业位列第三，分别拥有16家主板（中小板）储备企业及19家创业板储备企业。

附表1-19　上市储备企业跨行业分布情况（排名前20）

行业名称	具备主板中小板上市资格(家)	行业名称	具备创业板上市资格(家)
软件和信息技术服务业	36	软件和信息技术服务业	75
互联网和相关服务	22	互联网和相关服务	36
计算机、通信和其他电子设备制造业	16	计算机、通信和其他电子设备制造业	19
商务服务业	13	专用设备制造业	16
专用设备制造业	12	商务服务业	15
专业技术服务业	8	专业技术服务业	11
生态保护和环境治理业	7	广播、电视、电影和影视录音制作业	10
建筑装饰和其他建筑业	7	生态保护和环境治理业	9
电气机械和器材制造业	5	教育	7
其他金融业	5	电气机械和器材制造业	6
批发业	5	电信、广播电视和卫星传输服务	5
广播、电视、电影和影视录音制作业	4	建筑装饰和其他建筑业	4
教育	4	科技推广和应用服务业	4
通用设备制造业	4	其他金融业	3
医药制造业	3	批发业	3
资本市场服务	3	医药制造业	3
房地产业	3	仪器仪表制造业	3
电力、热力生产和供应业	3	新闻和出版业	3
科技推广和应用服务业	2	其他服务业	3
仪器仪表制造业	2	化学原料和化学制品制造业	3
总计	164	总计	238

（4）竞争力分析：城六区竞争力强，郊区竞争力薄弱，海淀与西城最具竞争力。竞争力衡量指标：以2016年年底营业收入总额及2016年营收增长率作为衡量指标。根据2016年披露的数据，符合主板（中小板）上市条件的202家企业2016年营业收入总和约为1213亿元，平均营业收入约为6亿元；符合创业板上市条件的271家企业2016年营业收入总和约为984亿元人民币，平均营业收入约为3.6亿元（见附表1-20）。

附表1-20　　2016年营收额排名前10的上市储备公司

企业名称	2016年营业收入（万元）	营收增长率
翰林汇信息产业股份有限公司	1671030.188	5.3%
同创九鼎投资管理集团股份有限公司	1030897.819	308.2%
中建材信息技术股份有限公司	830064.3154	33.6%
北京亿兆华盛股份有限公司	498704.816	35.8%
北京颖泰嘉和生物科技股份有限公司	455783.1653	36.7%
中科软科技股份有限公司	390144.2412	8.9%
中青博联整合营销顾问股份有限公司	197545.1611	9.6%
北京华图宏阳教育文化发展股份有限公司	192188.372	41.4%
北京和君商学在线科技股份有限公司	179969.2923	237.0%
北京友宝在线科技股份有限公司	157633.0233	29.3%

就各行政区营业收入情况来看，海淀区主板（中小板）储备企业2016年营业收入总和占比53.2%，约为645亿元，；西城区平均营业收入居于领先地位，高达约17亿元。就2016年营收增长率而言，西城区增长幅度最大为207%，明显高于其他各区，海淀区增长率20%。综合两方面情况，相比郊区，城六区更具竞争力，其中海淀区及西城区表现良好。海淀区创业板储备企业2016年营业收入总和占比45.6%，约为449亿元；西城区平均营业收入高达约11亿元，明显高于其他各区（见附图1-4）。

海淀区创业板储备企业2016年营业收入总和占比45.6%，约为449亿元；西城区平均营业收入高达约11亿元，明显高于其他各区，且其增长率高达196%（见附图1-5）。

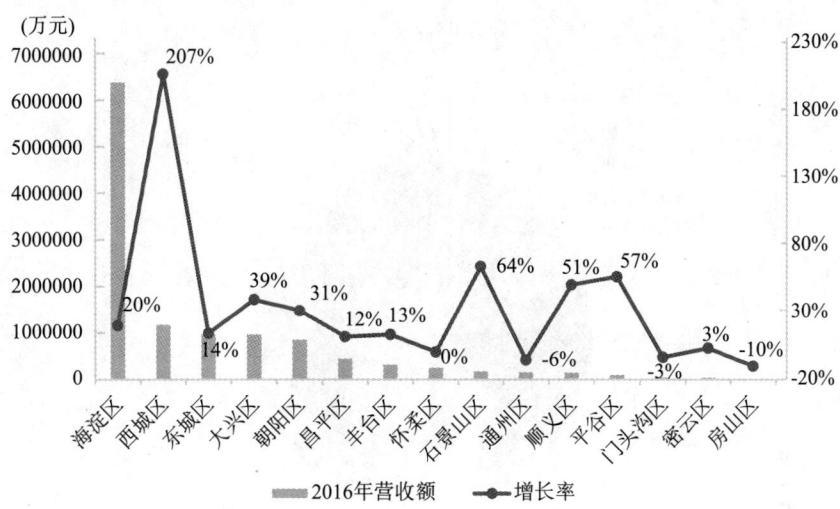

附图1-4 符合主板（中小板）上市条件的企业2016年营收额及增长率情况

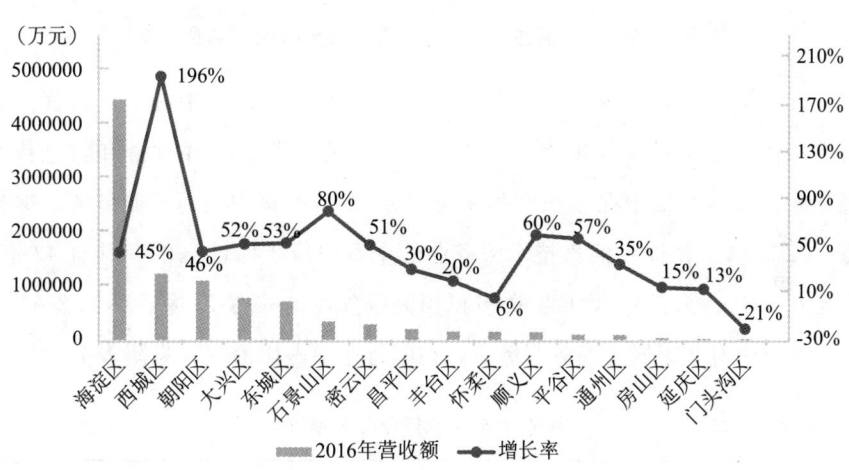

附图1-5 符合创业板上市条件的企业2016年营收额及增长率情况

5. 潜在上市公司情况

（1）地域分布：区位资源不平衡，城六区企业数目占比大。截至2016年年底，北京市共有233家潜在企业，其中有三家未明确所在区位。据统计海淀区的潜在上市企业数目为105家，所占比例45.1%，明显高于排名第二的朝阳区；城六区的总数达到197家，占比84.5%；此外怀柔区和延庆区均没有潜在上市企业，可见潜在上市公司资源分布也极不平衡（见附图1-6）。

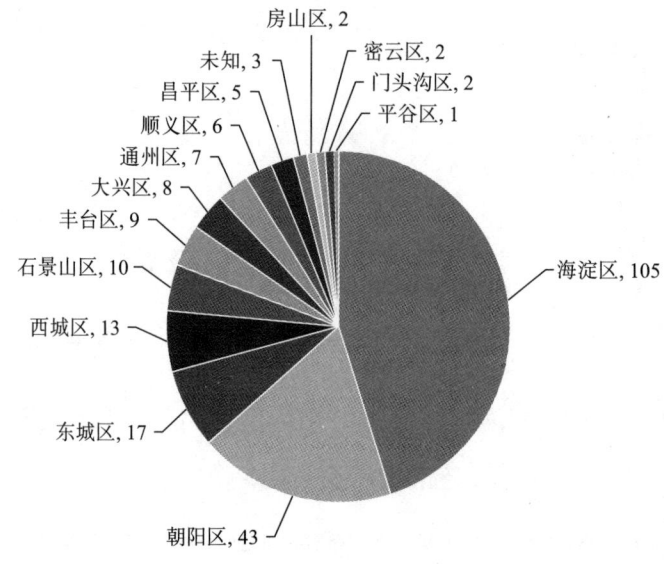

附图 1-6　北京潜在上市公司行政区域分布图（单位：家）

（2）行业分布：集中在软件和信息技术服务业，其中海淀区占优。就潜在企业行业跨行业分布情况分析，26.6%的企业集中在软件和信息技术服务业，12.9%集中在互联网和相关服务，7.7%集中在商务服务业。据整理，62家属于软件和信息技术服务业的企业中位于海淀区的一共有42家、占比68.9%，海淀区属于互联网和相关服务业的共有12家；朝阳区43家潜在企业中有9家属于商务服务业，在各行业中占比第一（见附表1-21）。

附表 1-21　潜在上市企业行业分布情况

行业分类	潜在上市公司数（家）	比例
软件和信息技术服务业	62	26.6%
互联网和相关服务	30	12.9%
商务服务业	18	7.7%
广播、电视、电影和影视录音制作业	12	5.2%
教育	12	5.2%
计算机、通信和其他电子设备制造业	10	4.3%
其他金融业	7	3.0%
专业技术服务业	6	2.6%

续表

行业分类	潜在上市公司数（家）	比例
前八合计	157	67.4%
其他合计	76	32.6%
总计	233	100.0%

（3）竞争力分析：海淀区与朝阳区最具竞争力。截至2016年年底，北京潜在上市企业营业收入总额为7273万元人民币，其中朝阳区营收总额为2257万元，占比31%，海淀区营收总额为1447万元，占比19.9%。朝阳与海淀区2016年的营收增长率分别为102%、125%，可见两者最具竞争力。虽然郊区的营收水平相对较低，但其增长率处在较高水平，如门头沟区与平谷区增长率高达207%及193%，说明有良好的增长（见附表1-22，附图1-7）。

附表1-22　　2016年营收额排名前10的潜在上市公司

	企业名称		2016年营业收入（万元）	增长率
朝阳区	安邦人寿保险股份有限公司	保险业	20995207.3	104.0%
海淀区	华夏人寿保险股份有限公司	保险业	7628230.7	176.8%
东城区	中国林业集团公司	林业	6984397.6	36.1%
通州区	北京万达文化产业集团有限公司	文化艺术业	5563903.7	38.6%
石景山区	天安人寿保险股份有限公司	保险业	3885724.0	82.8%
顺义区	北京市顺义区国有资本经营管理中心	其他金融业	2865051.7	34.7%
海淀区	北京海国鑫泰投资控股中心	综合	2344741.4	181.6%
顺义区	北京顺鑫控股集团有限公司	综合	2211421.7	30.5%
大兴区	北京海纳川汽车部件股份有限公司	汽车制造业	2204574.4	58.8%
东城区	中国泛海控股集团有限公司	综合	2034607.8	92.8%

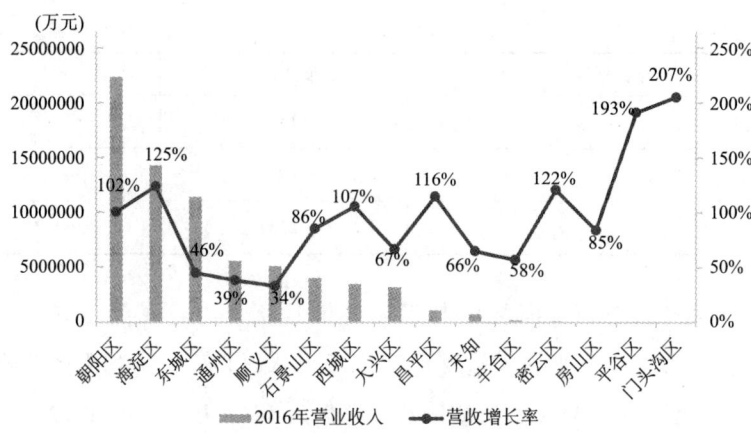

附图 1-7　北京潜在上市企业 2016 年营收额及增长率情况

三、北京上市公司发展中的问题

（一）上市公司相对排名下降

截至 2017 年 8 月，北京上市公司相较 2015 年年底，增长 47 家，增幅达 10.4，但总市值和平均市值却下降了 4% 和 13%（见附图 1-8）。

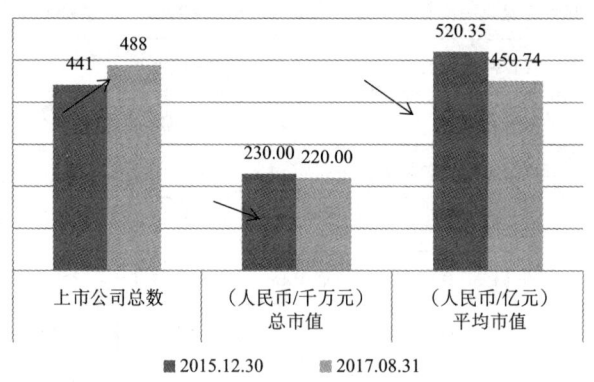

附图 1-8　上市公司市值与平均市值比较情况

造成上述问题的原因是多元化融资渠道对北京 IPO 企业形成了分流效应，部分企业选择审核周期相对较短的奇特市场发行融资。以新三板为例具体来说。

(1) 资金扶持：根据各区域园区及政府政策不一，企业不仅可享受园区及政府补贴，还可以抵补上市费用，此外与政府之间建立联系。

(2) 便利融资：公司挂牌后可实施定向增发股份，提高公司信用等级，帮助企业更快融资。

(3) 财富增值：企业及股东的股票可以在资本市场中以较高的价格进行流通，实现资产增值。

(4) 股份转让：股东股份可以合法转让，提高股权流动性。

(5) 转板上市：转板机制一旦确定，公司可优先享受"绿色通道"。

(6) 公司发展：有利于完善公司的资本结构，促进公司规范发展。

(7) 宣传效应：树立公司品牌，提高企业知名度。

（二）上市公司新增量下降储备不足

北京新增上市公司总量下降，拟上市公司储备不足。北京地区上市公司总量达488家，拟上市公司却只有86家。经过BBD数据筛选，北京地区潜在的上市公司中具备主板中小板上市资格202家，潜在上市公司228家，具备创业板上市资格271家，对比拟上市公司却只有86家，相差较大（见附图1-9）。

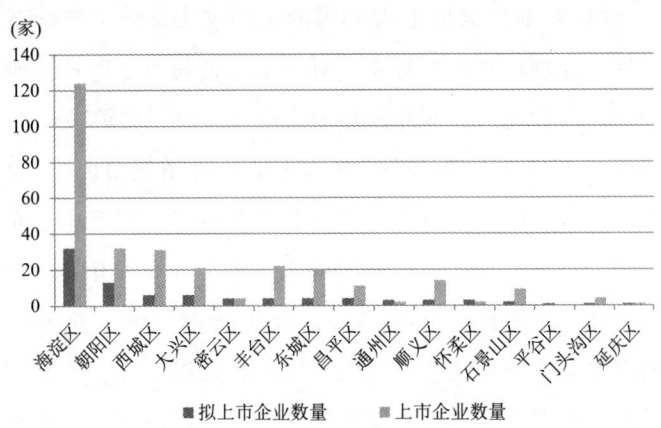

附图1-9 各区拟上市企业与上市企业数量

造成上述原因主要有。

(1) 部分企业谋求快速上市的政策红利，选择迁址到有绿色通道的省区；

（2）北京拟上市企业多为高新技术、软件信息等行业，此类企业存在前期投入多、业绩波动较大的特点，较难符合证监会对于持续盈利方面的要求；

（3）上市公司主题由央企转向民营，民营企业体量较小，实力较弱，后备优质资源乏力。

（三）与全市产业布局不匹配

北京地区仍存在不符合首都功能的高消耗产业。北京地区的产业布局是构建高精尖经济结构、增强创新能力、提升发展质量和效益、实现开放型经济建设新突破，经过BBD数据比对，得出目前好未来、51talk、新高教集团、呷哺呷哺、爱康国宾、*ST云网、中国软件国际、数字政通、金卫医疗、中国医疗集团、百济神州的人均产出为北京上市企业中最低。

（四）政策支持力度不足

北京地区在支持上市公司发展政策方面相对于浙江、上海、深圳、珠海力度不足，主要体现在组织体系、奖励政策、并购重组和重点行业支持方面。（1）对比江浙、深圳上市公司的奖励制度，北京奖励政策稍显不足。江浙地区，深圳市具体到区县，对于上市公司各个阶段奖励基本覆盖一半以上上市过程的花费，而北京在上市全过程中，奖励只有350万左右，对于初上市的中小企业来说，政府在资金上扶持稍显薄弱。（2）重点行业、企业支持政策缺失。北京未开通符合北京城市发展定位的企业优先上市的绿色通道。第一，与江浙、深圳相比，北京基本未开通绿色通道，导致美股，港股回归企业，回归之后，未能及时上市，上市公司外流。第二，证监会对于贫困地区上市公司开通绿色通道业务，导致本身主体办公在北京的上市公司，注册地流向外省。第三，江浙、深圳金融服务，从抓存量、抓引资、抓引导服务入手，上市前引导，上市中扶持，上市后监控的金融服务模式，为优秀企业开通绿色通道，政府引导扶持，加快上市速度等。

附录二：国内支持上市公司发展政策措施比较及经验借鉴

本报告试图通过对国内公司发展比较好的省市支持上市公司发展的政策措施的比较分析，归纳出可供北京借鉴的经验。

一、浙江、上海、深圳支持上市公司发展政策汇总

浙江、上海、深圳三地对于支持上市公司发展的政策主要包括以下几个方面：完善资本市场体系，推动公司并购重组和股份制改革，重点支持发展热点行业和创新型中小企业，提高投资机构、中介机构业务能力。

附表2-1是浙江、上海、深圳三地和北京支持上市公司发展具体措施对比。

二、启示与建议

通过上文的对比，北京地区在支持上市公司发展政策方面相对于浙江、上海市、深圳、珠海力度不足，如下几个方面值得北京市借鉴。

1. 进一步完善上市组织体系，加强上市服务工作力度，提高推动上市工作的效率和前瞻性，在更高层次上实现布局。浙江、珠海、深圳等地，有市、区两级跨部门的推动企业上市工作的协调机构，并且机构的领导分别由市区主要领导牵头，工作效率高、力度大。另外良好的组织体系有利于提高上市工作前瞻性，在更高层次上实现大的布局。如上海始终积极

附表 2-1

	浙江	上海	深圳	北京
完善资本市场体系	1. 发展区域资本市场，推动绍兴上市公司引领发展示范区建设； 2. 探索骨干企业、重点基建项目以非公开方式向区域内合格投资者进行股权、债权、收益权凭证等形式的定向融资； 3. 建立分层次、分类别、分梯队的上市挂牌企业后备资源库。	1. 在上海证券交易所设立战略新兴板，作为独立市场板块，设置区别于主板、不以盈利为要求、差异化的发行上市标准，与其他市场板块错位发展； 2. 上海股权托管交易中心设立服务于科技创新中小微企业的科技创新板，设置和引入符合科技创新中小微企业需求的挂牌条件、审核机制、交易方式、融资工具等制度安排，建立与战略新兴板等其他多层次资本市场同的对接机制，加强政策配套和市场服务，重点服务于张江国家自主创新示范区等相关区域的科技创新中小微企业； 3. 选择一批符合国家和市场产业发展政策、成长性良好的高新技术、现代服务业和特别是高新技术先进制造业企业，分类作为主板（含中小板）、创业板上市后备企业并建立资源库。 4. 试点成立区域性小微证券公司，专门服务于区域性股权交易市场。	1. 市中小企业服务署牵头建立利用多层次资本市场统一后备资源库，统筹做好新兴产业企业进入资本市场服务工作，加大对后备企业的培育指导和服务； 2. 推动深港两地资本市场的互通互联，探索在规则制度上的有效衔接，扩大两地上市后备企业的协同安排。	1. 建立企业上市资源库，对上市培育企业信息进行动态管理； 2. 发展中关村代办股份转让系统，建设统一监管下的全国性场外交易市场。

续表

	浙江	上海	深圳	北京
推动公司并购重组和股份制改革	1. 鼓励开展以整合资源、获取技术、人才、品牌、渠道为主要目的的并购重组，对有利于区域产业整合提升的重点并购项目，各级政府给予生产要素及政策支持； 2. 加快国有控股上市公司整体上市进程，通过资产注入、置换等方式，引导可持续发展能力弱的上市公司进行主动重组。	1. 推动国有控股上市公司、非上市公司开放性市场化重组，支持国有资本与民营、其他各类资本相互融合，发展混合所有制经济； 2. 利用多层次资本市场，加快本市国有企业股份制改革。	1. 推进市属国资国企利用资本市场实施混合所有制改革，加快新型产业国资国企股权改制改革进度，对产业国资国企控股上市公司、进行产业转型升级； 2. 市国资委和深圳证监局建立沟通协调机制，定期就国资国企上市、再融资、并购重组等资本运作事项进行协商部署。	
重点支持发展热点行业和创新型企业	1. 下放、取消小贷公司审核权限，简化审核手续。将小贷公司注册资本变更审核、本市范围内跨区域经营审核，除大股东外的一般股权转让审核及有关新业务审核等权限下放，由市级监管部门审核后及时报备省级监管部门； 2. 对在境内外上市或在新三板、浙江股权交易中心挂牌以及发行各类债券融资的小贷公司，享受各级政府制定的相应融资奖励政策； 3. 对上市小贷公司，在其公司名称、经营范围、机构设置、持股比例等方面予以支持。	1. 对本市中小企业上市过程中需有关部门出具相关证明的，各有关材料的，建立绿色通道，落实专门人员，限时办结； 2. 探索建立专家库，为拟上市企业提供咨询意见； 3. 完善中小企业上市汇总情况，及时汇总情况，加强与中央有关部门的联系沟通。	1. 引导暂不具备上市条件的高成长性、创新型企业到全国中小企业股份转让系统、本市区域股权交易市场挂牌交易、融资发展； 2. 对各条件的小微企业到股权交易市场挂牌给予财政资助10万元。	1. 依托北京中小企业网，搭建中小企业上市融资服务平台； 2. 搭建北京中外资中小企业基金服务平台，帮助中小企业与国内外资本市场实现对接； 3. 对重点培育企业改制上市过程中涉及的行政收费则在规定范围内从低标准收取； 4. 对于重点培育中关村在我市代办股份转让系统挂牌的，给予一定的资金支持。

续表

	浙江	上海	深圳	北京
提高投资机构、中介机构业务能力		根据企业辅导评估验收情况、上市成功率等等建立各类中介机构服务质量评价机制，由企业选择满意度高、实力强、信誉好的中介机构。		1. 筛选专业中介机构，为重点培育企业提供上市培育服务； 2. 建立中介机构数据库、投资机构数据库； 3. 定期邀请证券监管部门、证券交易所、证券公司、会计律师事务所进行培训。

与上交所合作推动在上海证券交易所设立战略新兴板，作为独立市场板块，设置区别于主板、不以盈利为要求、差异化的发行上市标准，与其他市场板块错位发展，这个目标一旦实现，对上海市整个上市公司竞争力和区域经济整体竞争力影响深远；深圳始终谋划推动深港两地资本市场的互通互联，探索在规则制度上的有效衔接，扩大两地上市的协同安排。

2. 加大力度推动公司并购重组、支持国有企业并购重组和进行股份制改革。上海、浙江、深圳等地从工作方向上提出支持上市公司通过并购重组提升上市公司的竞争力，在保障措施上，成立并购基金和企业并购重组奖励基金等。如浙江其一，鼓励开展以整合资源，获取技术、人才、品牌、渠道为主要目的的并购重组，对有利于区域产业整合提升的重点并购项目，各级政府给予生产要素及政策支。其二，加快国有控股上市公司整体上市进程，通过资产注入、置换等方式，引导可持续发展能力弱的上市公司进行主动重组。深圳推进市属国资国企利用资本市场实施混合所有制改革，加快新型产业国资国企股份制改革进度，对符合国家和市产业政策导向的市属国资控股上市公司，进行产业转型升级。深圳市国资委和深圳证监局建立沟通协调机制，定期就国资国企上市、再融资、并购重组推进国有企业并购重组的做法值得北京借鉴。

3. 重点支持发展热点行业和创新型企业。如浙江对在境内外上市或在新三板、浙江股权交易中心挂牌以及发行各类债券进行融资的小贷公司，享受各级政府制定的相应融资奖励政策等。

附录三：全产业链理论及基于全产业链视角的上市公司的作用

深入贯彻落实习近平总书记两次视察北京重要讲话精神，北京市第十二次党代会进一步明确了新时期首都发展要求和未来五年的目标任务，疏解非首都功能、提升核心功能和发展水平将是北京工作的"主旋律"。在疏解提升大背景下，北京不仅要发展，而且要发展好，迫切需要积极探索发展的实现路径。为此本报告从全产业链视角，分析上市公司的作用，试图通过全产业链布局解决上市公司疏解提升的困惑，打造首都高精尖的产业结构。从全产业链视角看，上市公司不仅仅是现代意义上的公司，同时还体现为资源整合平台，是整个产业链的核心部位或关键环节。上市公司因其特殊的公众公司性质和在资本市场中的地位，更容易集聚高端人才流、物流、资金流和技术流，带动上下游产业发展，形成聚合效应，从而使上市公司成为整个产业链的核心部位和关键环节。因此，从产业布局的角度关注上市的龙头作用，打造全产业链布局，具有其合理性。

一、全产业链的内涵

全产业链的概念产生于20世纪80年代，是由我国学者提出来。起初是对农业产业化问题的研究，后来学者们将其拓展到工业、服务等领域。该理论可以追溯到18世纪中后期，当时一些古典主流经济学家所关注的仅仅是劳动分工、生产率与经济增长的相互关系。

二、全产业链的构成及其协同效应

全产业链是由供需链、企业链、空间链和价值链四个维度有机组合而形成的链条。全产业链融合了产业活动分工、产业活动组织模式以及空间上的产业构成这三个基本维度。

"全产业链"集纵向一体化和多元化双重特性于一体。但是辩证的来看,"全产业链"并不是二者简单相加的结果。多元化与纵向一体化都不是新鲜的事物,但是两者凑在一起能产生"协同作用"。

全产业链的协同作用包括三个层次:其一,产业链内部上下游之间的纵向协同。其二,产业链之间的横向协同。其三,不同产业链中不同环节之间的环向协同三种协同效应。

纵向协同效应主要来自纵向一体化,通过集成上下游企业,企业可以更好地掌握上游原材料的供应,这一点在关键性资源稀缺的产业尤为重要。横向协同效应主要来自相关多元化。企业不同业务通过共享有形或无形资源,生产多种产品和服务,从而降低总的联合生产成本。也可以通过技术关系多样化,以现有事业领域中的研究技术或生产技术为基础,针对不同市场,开发异质产品。环向协同是效应是指经济活动中的各产业,依据前、后向的关联关系组成了产业链,而各产业链通过复杂的技术经济联系形成一个"环",如煤炭采掘业—钢铁冶炼业—采矿设备制造业—煤炭采掘业这样的一个产业链内部协同。"全产业链"还能产生如文化协同、服务协同、品牌协同、渠道协同、信息系统协同、物流协同、风险管理协同、财务资源协同、规模协同等效果,这些协同运作使众多的"全产业链"构成部门能协调地运作,成为一个整体,使系统整体功能大于各组成系统的功能的机械相加。

三、全产业链体系的属性

全产业链的属性主要体现在:产业选择性、产业承继性、成本递减性、整体竞争性。

产业选择性。全产业链体系是一种新型产业和经济发展模式,与传统企业模式比较,更加注重企业选位、产业定位和产业发展的整体效应和集群效应,形成产业航母集群。全产业链环节中企业选位和产业定位要与地区经济地位和发展战略相结合,以未来产业发展规划为导向,形成产业发展的特色和优势。

产业承继性。建设全产业链体系,要立足于已有产业发展特色优势和企业聚合基础,进行产业结构上下关联、优化组合和产业升级,稳中求进,进中求好,促进经济平稳可持续发展。

成本递减性。处在全产业链体系各个环节中的企业,通过园区内部以及园区之间高度协作,通过企业联盟、物流合作、研发合作和市场合作,构建集群优势,形成实际和紧密型产业联盟,降低共同开发市场的成本。随着产业链体系整合的成熟和专业化分工合作的深化,企业运营个体的成本将会逐步降低。

整体竞争性。全产业链体系使各主要环节中的上市公司和企业有机组合,增强战略协同,形成产业领导力与行业竞争力;透过产业联盟,培育自主创新能力;在已有上市公司的主要产业环节,构造上市公司集群;在没有上市公司的主要产业环节,打造新上市公司,塑造产业链的组合创新力和整体竞争力。

四、上市公司全产业链发展基本内涵

上市公司全产业链发展的基本内涵是:依据本地区经济特色与要素禀赋,集中优势资金流、技术流、人才流,以上市公司为龙头,以多层次资本市场为平台,以上市公司产业群为链条,以打造产业整体竞争力为目标,构建全球化、信息化时代现代产业发展的组合竞争力和内生竞争力,形成产业发展的新方法和新体系,形成最具竞争力的发展模式。

五、全产业链视角上市公司的作用

（一）上市公司在产业集群中起龙头作用

上市公司是产业发展的关键环节。打造一个上市公司航母集群，就能带动一个产业链的发展，从而形成区域经济的支柱产业。上市公司通过资本市场完成企业发展的资本积累，实现资源的有效配置，提升内生发展动力和自主创新能力，成为现代经济的主导产生群体，成为引领产业发展的关键环节。培育和打造上市公司是建设产业链体系的重要基础性工作。

（二）上市公司具有资源整合的聚合作用

从全产业链视角看，上市公司不仅仅是现代意义上的公司，同时还体现为资源整合平台，是整个产业链的核心部位或关键环节。上市公司因其特殊的公众公司性质和在资本市场中的地位，更容易集聚高端人才流、物流、资金流和技术流，带动上下游产业发展，形成聚合效应，从而使上市公司成为整个产业链的核心部位和关键环节。因此，从产业布局的角度关注上市的龙头作用，打造全产业链布局，具有其合理性。

（三）上市公司依托产业园承载聚集和协同发展作用

上市公司产业园是打造上市公司产业链体系的重要平台，可以强化上市公司的聚集和协同发展作用。通过完善上市公司产业园建设，积聚区域内上市公司，形成上下游产业链，进而推动实现区域范围内各产业园之间的协调发展。在全产业链建设中，作为上市公司依托的上市公司产业园建设也是重要一环。产业园区发展模式要结合产业优势、行业积聚和资源特色等区位优势，实现区域间协调发展，进一步优化发展空间布局。

参考文献

[1] 张军洲, 王廷科. 中国的金融中心问题研究 [J]. 金融与经济, 1996.

[2] 唐旭. 区域货币资金流动论（上）[J]. 河南金融管理干部学院学报, 1999.

[3] 谈儒勇. 中国金融发展与经济增长关系的实证研究 [J]. 经济研究, 1999 (10): 53—61.

[4] 周立, 王子明. 中国各地区金融发展与经济增长的实证分析 [J]. 金融研究, 2002 (10): 13.

[5] 杨德勇, 汪增群. 东北老工业基地经济发展中的金融视角分析 [J]. 中央财经大学学报, 2016.

[6] 郑长德. 中国的金融中介发展与城镇化关系的实证研究 [J]. 广东社会科学, 2007.

[7] 马奔, 薛阳. 京津冀城市群城镇化质量评价研究 [J]. 宏观经济研究, 2019 (4) 73—83.

[8] 魏清. 金融资源流动与长三角金融一体化研究 [D]. 苏州大学, 2009.

[9] 尹虹潘. 人口流动、"四化"协同与新型城镇化 [D]. 重庆大学. 2016.

[10] 赵弘. 聚焦京津冀协同发展 [M]. 北京：北京出版社. 2018.

[11] 刘兆荣. 生态经济城市 [M]. 北京：中国金融出版社. 2011.

[12] 瑞吉斯特（Register. R.（美）. 生态城市 [M]. 北京：社会科

学文献出版社 . 2010.

［13］祝合良 . 京津冀发展报告［M］. 北京：社会科学文献出版社 . 2018.

［14］方文婷 . 长三角城市群创新效率空间分异及影响因素研究［D］. 华东师范大学 . 2018.

［15］高铁梅 . 计量经济分析方法与建模（第 2 版）［M］. 北京：清华大学出版社，2009.